*WJS CORSO*

*WJS*

Helmut Schmidt

# Vom deutschen Stolz

## Bekenntnisse zur Erfahrung von Kunst

*CORSO* bei Siedler

# Inhalt

# Maximen politischen Handelns
## Bemerkungen zu Moral, Pflicht und Verantwortung des Politikers

*Anläßlich des 250. Geburtstages von Immanuel Kant fand im Jahr 1981 eine Fülle von Tagungen zum Erbe des Königsberger Philosophen statt. Die SPD-nahe Friedrich-Ebert-Stiftung veranstaltete am 12. März 1981 in Bonn ihren Kant-Kongreß, der nicht zuletzt auch Zeugnis gibt von dem grundlegenden Einfluß, den Kant und der Kantianismus auf die theoretische Entwicklung der deutschen Sozialdemokratie bis hin zum Godesberger Programm gehabt haben. Der damalige Bundeskanzler Helmut Schmidt nutzte den Anlaß zu einer an Kant orientierten Reflexion über Moral, Pflicht und Verantwortung des Politikers.*

IM BUNDESTAG HABE ICH OFTMALS GESAGT, DER Bundeskanzler dürfe nicht den Vordenker der Nation spielen wollen. Ich will heute hinzufügen, daß es mir auch gar nicht recht wäre, wenn es mir ginge wie jenem Staatsmann, von dem Sokrates gesagt hat: »Weiser als dieser Mann [also als der Staatsmann] bin ich schon; denn weder er noch ich weiß etwas Rechtes; aber er glaubt, daß er etwas weiß ...; ich weiß zwar auch nichts; aber ich bilde mir wenigstens nicht ein, etwas zu wissen.« In die Rolle des so Karikierten möchte ich nicht kommen.

Ich will mich keineswegs als Kenner Kants ausgeben, sondern aus eigener Lebenserfahrung sprechen. Auf mich hat Kant bis heute einen durchaus prägenden Einfluß ausgeübt. Mich hat das idealistische Prinzip einer unbedingten, einer nicht durch Eigennutz oder Opportunismus verzerrten Pflichtauffassung fasziniert. Ein deutscher Philosoph hat einmal gesagt, Kant habe die Disziplin des Preußentums nach innen getragen (Karl Joel).

Auf mich hat die späte Schrift »Zum ewigen Frieden«, die ich zuerst als junger Kriegsheimkehrer gelesen habe, einen tiefen Eindruck gemacht, gerade durch die Nüchternheit, mit der sich der Autor dort Illusionismus und Schwärmerei versagt, mit der er statt dessen konkrete völkerrechtliche friedenspolitische Schritte vorschlägt. Übrigens in der Tat »Schritte«. Kant spricht vom ewigen Frieden als einer Aufgabe, die nur nach und nach zu lösen sei, deren Ziel man schrittweise näherkomme.

Und soweit ich mich hier auf Kant berufe, so beziehe ich mich im wesentlichen auf die Schrift »Zum ewigen Frieden« und auf die Schrift »Idee zur allgemeinen Geschichte in weltbürgerlicher Absicht«, beide nach den großen philosophischen Werken geschrieben.

Für mich sind bei Kant drei Dinge besonders

wichtig: zum einen der Standpunkt einer Menschheitsethik, die von den fundamentalen Freiheiten aller Menschen ausgeht. Zum anderen die Pflicht zum Frieden und zur Völkergemeinschaft als eine zentrale moralische Norm und nicht nur als eine politische Norm. Drittens aber und vor allem die enge Verbindung zwischen dem Prinzip der sittlichen Pflicht und dem Prinzip der Vernunft oder, wie man heute sagen mag, der kritischen Ratio. Für mich persönlich hatte das hohe Pflichtethos als ganz junger Mensch bei Beginn des Krieges durch das Lesen von Marc Aurels »Selbstbetrachtungen« schon Bedeutung gewonnen; eine Schrift, die mir in der Nazizeit durch Zufall in die Hände gekommen war.

Wenn ich es richtig verstehe, bedeuten Pflicht und verantwortliches Handeln für Kant: in Übereinstimmung zu handeln mit dem, was den Menschen gemeinsam ist, was daher über alle sonstigen Unterschiede hinweg Verständigung ermöglicht, nämlich in Übereinstimmung mit der menschlichen Vernunft zu handeln. Dieser Gedanke hat mich als Kriegsheimkehrer sehr beeindruckt, denn ich hatte, wie viele Millionen Menschen auch, die verheerenden Folgen einer Politik ohne Vernunft, einer Politik des Wahns sehr unmittelbar erlebt.

Der kategorische Imperativ, in dem Kants praktische Philosophie gipfelt, lautet (in einer von mehreren Fassungen): »Handle nur nach derjenigen

Maxime, durch die du zugleich wollen kannst, daß sie ein allgemeines Gesetz werde.«

Für mich besagt das nichts anderes, als daß der Politiker, der verantwortlich handeln will, zugleich die Folgen seines Handelns für die anderen mit berücksichtigen soll. Nur so kann er ja herausfinden, ob seine Handlungsmaximen tatsächlich zu einer »allgemeinen Gesetzgebung« – wie es bei Kant in einer anderen Fassung heißt – taugen. Offensichtlich ist, daß an diesem moralischen Leitsatz sich auch die politische Moral orientieren muß.

Man könnte übrigens, etwa mit dem deutsch-amerikanischen Philosophen Hans Jonas, den kategorischen Imperativ heute so ausdeuten, daß man sagt: Handle so, daß dein Handeln weder die Zukunft des Menschen noch die Zukunft der Natur gefährdet. Ich will mir das noch nicht zu eigen machen. Ich deute damit nur an, daß zweihundert Jahre später mancherlei Modernisierungen vorstellbar, möglicherweise nötig sind.

Für den Politiker verlangt Kants Imperativ: Nicht auszugehen von Opportunitätsrücksichten, sondern alle von seiner Entscheidung betroffenen Interessen, alle von seiner Entscheidung ausgehenden Folgen gewissenhaft kennenzulernen und gewissenhaft gegeneinander abzuwägen. Die Crux liegt wie in vielen anderen Problemen der Politik darin, daß gleichzeitig unterschiedliche und sogar auch gegensätzliche Urteile und Lösungen durchaus moralisch gerechtfertigt sein können.

Ein Beispiel dafür: unsere Politik restriktiver Rüstungsexporte, die den genauso gerechtfertigten Vorstellungen der Beschäftigungspolitik entgegensteht.

Verantwortungsbewußte Politik muß, wie ich denke, den Begriff der betroffenen Interessen sehr weit fassen. Betroffen sind von vielen unserer Entschlüsse auch zukünftige Generationen.

Aber – und hier liegt die Schwierigkeit jeder Politik – zum Schluß muß entschieden werden; und das Augenmaß der jeweiligen Mehrheit entscheidet – oder ihr Fehlurteil!

So ist das eben in der Demokratie, in der die Mehrheit recht bekommt, auch wenn sie nicht recht hat. Das ist einer der Fehler der Demokratie, die nicht behebbar sind. Und die Folgen werden häufig erst sehr viel später sichtbar. Vielleicht ist dann niemand mehr da, der sich verantworten muß, weil er nicht mehr im Amt oder nicht mehr am Leben ist.

Ein anderes Beispiel: die Energiepolitik. Niemand von uns glaubt, daß wir aller Sorgen ledig wären, wenn wir nur voll und ganz auf die Kernenergie setzen. Aber man darf auch nicht glauben, daß die anderen Energiearten ohne Risiken seien. Jeder Energieträger bringt entweder ökologische Risiken oder politische oder wirtschaftliche oder soziale Risiken mit sich oder mehrere davon gleichzeitig. Und für diese Risiken lassen sich keine absolut sicheren Voraussagen machen. Und da das nicht möglich ist, ist es nötig, die Risiken, wenn das geht, zu streuen und das Gesamtrisiko zu minimieren. Deshalb einerseits ein starker Nachdruck auf Energieeinsparung; deshalb andererseits Vorrang für die vorhandene bisher genutzte und deshalb in ihrem Risiko bekannte (übrigens in ihrem Risiko häufig unterschätzte) Kohle. Deswegen aber zugleich die Befürwortung der Förderung und der Nutzung neuer Energiearten; auch Förderung eines begrenzten Ausbaus der Kernenergie.

Solche Abwägungen, wie sie unsere Energiepolitik bestimmen, liegen mit Sicherheit in dem Rahmen, den der kategorische Imperativ zieht. Und dennoch kann man zu verschiedenen Ergebnissen kommen und sich leidenschaftlich die Köpfe darüber einschlagen. Daß andere energiepolitische Abwägungen auch möglicherweise voll im Rahmen dessen liegen, was der kategorische Imperativ uns sagt, ist für mich evident. Das vernunftmäßige Abwägen der Folgen einschließlich der Folgerisiken muß Entscheidungsgrundlage sein.

Aber ich denke nicht daran zu behaupten, daß jemand, der voll und ganz auf Kernkraft setzt, deswegen unmoralisch handele, und ich denke ebensowenig daran zu sagen, jemand, der Kernkraft absolut ablehnt, handele unmoralisch. Ich würde beiden extremen Standpunkten gegenüber immer nur sagen: Diese Kalkulation der Folgen und der Folgerisiken ist nicht vernünftig. Weiter dürfte ich nicht gehen, wobei ich natürlich näher aufzeigen müßte, warum solche Kalkulationen mir unvernünftig erscheinen.

Ich will in diesem Zusammenhang wiederholen: Der Politiker trägt nicht nur Verantwortung für seine guten Vorsätze oder seine gute Gesinnung, sondern vor allem trägt er Verantwortung für die Folgen seines Handelns oder Unterlassens. Das habe ich übrigens auch schon bei Marc Aurel gelernt, als ich neunzehn Jahre alt war. Um es zu verdeutlichen: Er hat Erwünschtes genauso zu verantworten wie Unerwünschtes, er hat die von ihm erstrebten Wirkungen, wenn sie wirklich eintreten, genauso zu verantworten wie die von ihm nicht erstrebten, aber tatsächlich eintretenden Nebenwirkungen, und die können sehr kompliziert sein und sehr unerfreulich.

Im Extremfall können Entscheidungen, die der Politiker treffen soll, Entscheidungen sein auf Leben und Tod. Ich habe das sehr bedrängend erlebt. Ich habe nach dem Mord an Hanns Martin Schleyer und nach der Befreiung der Geiseln in Mogadischu im Oktober 1977 dem Bundestag gesagt: »Wer weiß, daß er so oder so, trotz allen Bemühens, mit Versäumnis und Schuld belastet sein wird, wie immer er handelt, der wird von sich selbst nicht sagen wollen, er habe alles getan und alles sei richtig gewesen. Er wird nicht versuchen, Schuld und Versäumnis den anderen zuzuschieben; denn er weiß: Die anderen stehen vor der gleichen unausweichlichen Verstrickung. Wohl aber wird er sagen dürfen:

Dieses und dieses haben wir entschieden, jenes und jenes haben wir unterlassen, aus diesen oder jenen Gründen. Alles dies haben wir zu verantworten.«

Es gab übrigens während jener Wochen und Tage der Entführung keine politische Theorie, keine politologische Theorie, auch keine moralische Theorie, die uns geholfen hätte.

Der Politiker wird nicht schon dadurch gerechtfertigt, daß er die richtigen, die moralisch begründeten Zwecke oder Ziele verfolgt. Das ist bestenfalls ein Teil seiner Legitimation. Seinem politischen Handeln muß eine kritische Analyse der Situation, der Zusammenhänge vorausgehen. Wenn er das unterläßt, kann das Handeln des Politikers überhaupt moralisch nicht begründet, nicht legitimiert werden. Irrtümer, die ihm unterlaufen in der Beurteilung der Situation oder Fehler in der vernunftgemäßen Auswahl der Mittel, zu denen er greift, um ein sittlich legitimiertes Ziel zu erreichen, können sehr tragische Folgen haben. Ebenso schlimme Folgen wie falsche moralische Grundsätze. Beides kann den Politiker disqualifizieren.

Ich orientiere mich sehr an Max Weber; das habe ich immer getan, weil ich von Anfang an so empfunden und, als ich Max Weber studierte, mich bestätigt und wiedergefunden habe. Max Weber sagt: Ein Politiker, der für andere handelt, darf sich keineswegs auf seine Gesinnung oder auf »Gesinnungsethik« zurückziehen, vielmehr – und jetzt zitiere ich wörtlich aus dem berühmten Aufsatz »Politik als Beruf« aus dem Jahre 1919 – hat er »für die Folgen seines Handelns aufzukommen«. Und dann steht bei Max Weber in Klammern noch dabei: für die »voraussehbaren« Folgen seines Handelns. Ich möchte am liebsten das Wort »voraussehbar« streichen, obwohl es natürlich für den Politiker angenehmer ist, wenn ihm attestiert wird, daß er nur für die voraussehbaren Folgen aufkommen müsse. In Wirklichkeit muß der Politiker auch für die Folgen aufkommen, die er nicht voraussehen konnte.

Früher habe ich einmal gesagt: Politik ohne sittliches Fundament ist gewissenlos, und sie tendiert zum Verbrechen. Kant schreibt in der Schrift »Zum ewigen Frieden«: »Wahre Politik kann also keinen Schritt tun, ohne vorher der Moral gehuldigt zu haben.« Ich würde das heute auch umkehren wollen und sagen: Umgekehrt kann die Verfolgung sittlicher politischer Ziele ohne das »Augenmaß« im Sinne von Max Weber möglicherweise zerstörerische Folgen haben.

Über dieses Zusammenspiel von zweckgerichteter Vernunft und moralischer Zielbestimmung in der Politik habe ich selbst häufig gesagt – Fachphilosophen haben mir das übelgenommen, weil das Wort »pragmatisch« hier vielleicht anders gebraucht wird, als sie es gewohnt waren –, Politik sei pragmatisches Handeln zu sittlichen Zwecken oder zu sittlichen Zielen. Mit diesem Satz will ich klarstellen, daß pragmatisches Handeln, das ich für mich in Anspruch nehme, bei aller Fehlerhaftigkeit, nichts zu tun hat mit einem ziellosen oder perspektivlosen »muddling through«, wie einem beispielsweise unterstellt wird. Ich denke vielmehr, daß eine Politik, die mit praktischer Vernunft ethische Ziele oder Zwecke verfolgt, die dies mit Mitteln tut, deren Wirkungen der Situation angemessen sind, deren Nebenwirkungen sorgfältig kalkuliert, die als risikoarm befunden worden sind, daß eine solche Politik das Gegenteil ist von prinzipienlosem Opportunismus und das Gegenteil von verantwortungslosem Treibenlassen. Oder anders gesagt: Illusionistische Politik, welche auf vernünftige Berechnung verzichtet, kann gerade deshalb und trotz begründender »Theorie« sehr wohl unmoralisch sein, auch wenn ihre Zwecke durchaus als moralische Zwecke vorgestellt werden.

Kant benützt den Begriff des pragmatisch Richtigen überwiegend nicht als Gegensatz zum sittlich Richtigen; das kommt aber bei ihm auch vor. In der Schrift »Zum ewigen Frieden«, ziemlich zum Schluß seines Schaffens, ist das Wort »pragmatisch« mit der Vernunft verbunden, die die politischen Grundideen in Übereinstimmung mit dem moralischen Prinzip auszuführen versteht.

Mir will scheinen, daß pragmatisch zu denken und pragmatisch zu handeln deshalb eine sittliche Pflicht jedes Politikers ist, der über moralische Prinzipien nicht nur reden will, sondern der diese vielmehr auch tatsächlich handelnd verwirklichen will. Und es ist ja noch ein Unterschied zwischen einem bloß theoretisierenden Politiker und einem, der handelt und verantworten muß, was er bewirkt.

Ich will das auch an einem Beispiel verdeutlichen. Die CDU/CSU tut sich in ihrer Deutschlandpolitik nun seit einem Dutzend Jahren, eigentlich schon seit drei Jahrzehnten, außerordentlich schwer. Jahrzehntelang hat sie mit gutem Gewissen die Einheit der Nation beschworen, mit vielerlei Worten. Aber in diesen langen Jahren wurde die Berliner Mauer gebaut, sind immer mehr Verbindungen zwischen den Deutschen hier und in der DDR abgerissen. Erst die sozialliberale Regierung hat sich dieser Entwicklung des Abreißens von Verbindungen entgegengestellt, hat Gespräche aufgenommen mit der Regierung der DDR. Diese haben in langwierigen, mühevollen Verhandlungen zu konkreten Erleichterungen, zu besseren Verbindungen zwischen den Menschen in beiden Teilen geführt.

Zum Wert der Einheit der Nation, zur Erhaltung der Nation haben sich alle Parteien bekannt. Aber die Mittel der CDU/CSU zu diesem Ziel erschienen und erscheinen mir als illusionär. Umgekehrt erscheint vielen Leuten in der CDU/CSU eine pragmatische schrittweise Politik des Aufbaus wirtschaftlicher und staatlicher Beziehungen zwischen den beiden deutschen Staaten, der pragmatische Kompromiß zwischen divergierenden Interessen als prinzipienlos. Dies insbesondere, nachdem wir uns auch durch Rückschläge nicht haben entmutigen lassen.

Ich glaube nach wie vor: Kooperation, wo immer möglich, mehr menschliche Berührung, mehr wirtschaftlicher und kultureller Austausch – das ist der einzige Weg, wie man politisch für die Erhaltung der Identität der Nation wirken kann. Ich sage deshalb keineswegs, die Deutschlandpolitik der Union sei unmoralisch, aber ich denke, der CDU/CSU fehlt das Augenmaß für die Folgen ihrer Deutschlandpolitik.

Ich habe immer wieder darauf hingewiesen, daß die Zeiten schwieriger werden, daß die Spielräume der Politik, insbesondere die ökonomischen und die finanziellen Spielräume, sich verengen – in der ganzen Welt. Diese Perspektive zwingt uns in besonderem Maße zu Nüchternheit. Dabei ist kritische Vernunft vonnöten. Manche bewährten Rezepte erweisen sich unter veränderten Verhältnissen nicht mehr als tauglich. In der vor uns liegenden Zeit eingeschränkter Verteilungsspielräume ist politische Erfindungsgabe, Flexibilität besonders gefordert. Es geht darum, neue Mittel und Wege zu finden, um soziale Gerechtigkeit, soziale Reform auch dann zu verwirklichen, wenn die Wachstumsraten der Vergangenheit ausbleiben.

Für Kant war soziale Gerechtigkeit noch keine politische Forderung. Hier ist er ganz Kind seiner Zeit. Ihm geht es um Gleichheit vor dem Gesetz, aber nicht um Chancengleichheit.

Was ich mit Erfindungsgabe und Flexibilität meine, dazu ein Beispiel: Wir haben im letzten Jahrzehnt entsprechend der sehr guten wirtschaftlichen Entwicklung eine gleichmäßige Erhöhung der Leistungen, zum Beispiel im familienpolitischen Bereich, für alle erreicht. Aber angesichts der sich verengenden Finanzspielräume kann es fraglich werden, ob man in der Zukunft so weitermachen darf. Vielleicht muß man zu einem gezielteren Einsatz der finanziellen Mittel zugunsten derjenigen kommen, die diese Leistungen am meisten brauchen. Schwierige Zeiten verlangen mehr Solidarität der sozial Stärkeren mit den sozial Schwächeren.

Mir scheint in diesem Zusammenhang der Gedanke wichtig, daß Reformen, die in verschiedenen Bereichen wünschbar und denkbar sind, nicht notwendigerweise zusätzliche oder höhere Kosten verursachen müssen, daß sie sogar Kosten sparen helfen können. Zum Beispiel wenn in Ballungsgebieten, möglicherweise durch Reformen im Bodenrecht, das Bauen wieder leichter gemacht werden könnte. Oder was die Integration ausländischer Arbeitnehmer, vor allem ihrer Kinder, angeht: Wer dafür heute sorgt, erspart auf längere Sicht nicht nur sehr viel Haushaltsmittel, sondern auch hohe »social costs«.

Nun darf andererseits die Tatsache, daß die Zeiten schwieriger geworden sind in ganz Europa, in Nordamerika, in der ganzen Welt – mit Ausnahme der OPEC-Staaten –, kein Grund sein zur Mutlosigkeit. Die Stärke der westlichen Demokratien liegt doch gerade in ihrer Offenheit, in ihrer Leistungsfähigkeit, in ihrer Anpassungsfähigkeit an neue Situationen und neue Probleme.

Diesen demokratischen Prozeß konnte Kant sich noch nicht vorstellen. In unserem Sinne konnte er ein Demokrat noch nicht sein – schon gar kein Sozialdemokrat. Eines allerdings sieht der späte Kant schon sehr deutlich, nämlich, daß der Konflikt eine positive Funktion für den Fortschritt hat.

Die Stärken der Demokratie, zumal ihre Lernfähigkeit, zumal ihre Anpassungsfähigkeit, gedeihen in der Tat nur in einem Klima, das Diskussion und Konflikt zuläßt, das sogar Streit zuläßt.

Es wäre für unsere politische Kultur ein bedenkliches Mißverständnis, wenn Meinungsstreit und wenn Konflikte verteufelt würden. Wer geistige und wer politische Auseinandersetzung so negativ bewertet, der verkennt die positive Rolle des Konflikts für den kulturellen Fortschritt wie für den politischen Fortschritt.

Allerdings will ich freimütig hinzufügen: Allzuviel Streit ist in einer Demokratie von Übel, und Porzellan muß dabei nicht unbedingt zerschlagen werden.

Umgekehrt gilt jedoch: Angst vor dem Konflikt, übersteigertes Harmoniedenken oder gar die Sehnsucht nach einem vom Staat gestifteten, für alle verbindlichen Sinnzusammenhang, die können die politische Kultur, die können die Substanz unserer Demokratie gefährden. Solches Denken fiele weit zurück hinter die aufklärerische Philosophie Immanuel Kants. Der späte Kant in der »Idee zur allgemeinen Geschichte in weltbürgerlicher Absicht« bewertet den Konflikt positiv und als notwendig für den Fortschritt der Gesellschaft. Er muß ja auch den Konflikt anerkennen, weil er die Vernunft des einzelnen für begrenzt hält. Und beides ist heute, nach fast zweihundert Jahren, keineswegs überholt.

Wenn ich es richtig verstehe, darf bei Kant die Vernunft des einzelnen keinen Absolutheitsanspruch erheben, oder, um Adolf Arndt sinngemäß zu zitieren: Die Vernunft gehört zum »vorletzten Bereich«. Sie darf ihre Grenze nicht überschreiten. Sie übernähme sich, wenn sie eine umfassende Weltanschauung oder Heilslehre oder auch nur ein Konzept, mit dem man den Sinn des Lebens erfaßt, als verbindliche Wahrheit verkünden wollte. Kant und Lessing sind, wie mir scheint, wohl die bedeutendsten Philosophen der Aufklärung auf deutschem Boden. Beiden ging es darum, den Ansprüchen der Vernunft kritisch gegenüberzustehen, nicht aber sie dogmatisch zu überhöhen. Konservative Kritiker irren, wenn sie der aufgeklärten politischen Kultur den Vorwurf machen, sie setze die Vernunft als neues Dogma an die Stelle der alten Dogmen. Aufklärung kann immer nur so weit reichen, wie sich Glaubenshaltungen, wie sich Werthaltungen rational diskutieren lassen.

Kant hat die Vielfalt und die Gegensätzlichkeit der Wertorientierung, auch der Interessen akzeptiert. Anders als Hegel und ganz anders als Marx hat er darin keine »Entfremdung« des Menschen gesehen, die überwunden werden müsse.

Die Freiheit, die Kant für das Individuum verlangte, war selbstverständlich gegen die Forderungen des absolutistischen Staates seiner Zeit gerichtet. Die mit der Freiheit des einzelnen verbundene Vielfalt und Gegensätzlichkeit der Interessen sind aber auch heute noch die Wurzeln der Konflikte in unserer Gesellschaft.

Nach konservativem Verständnis ist das Gemeinwohl auf Harmonie angelegt. Noch mehr: Harmonie, nein, Einigkeit ist geradezu das Fundament. Parteienstreit, Tarifkonflikte, das Neben- und Gegeneinander der vielfältigen Strömungen, das ist verdächtig. Konflikt ist im strikt konservativen Modell der gesellschaftlichen Beziehungen eigentlich gar keine legitime Kategorie. Solches Harmoniedenken lag zum Beispiel Ludwig Erhards Zielvorstellung einer »formierten Gesellschaft« zugrunde. Für mich war das eine genauso untaugliche Vorstellung wie Othmar Spanns Ständestaat.

Es gibt neben den zeitbedingten sehr prinzipielle Gründe, weshalb das Konzept einer formierten Gesellschaft scheitern mußte. Eine demokratische Industriegesellschaft ist ohne Vielfalt und Gegensätzlichkeit der Interessen, der Meinungen überhaupt nicht vorstellbar. Und jeder Versuch, dieser Gesellschaft ein einheitliches Sinnkonzept überzustülpen, muß an dieser Realität scheitern.

Weil aber dem harmonischen Gesellschaftsverständnis Konflikte wesensfremd sind, weil Personen oder Gruppen, die solche Harmonie in Frage stellen, als Störer gelten, als nicht zugehörig oder als Außenseiter, mit denen man nicht zu argumentieren brauche, weil es genüge, wenn denen der Staat »Flagge zeige«, weil der Staat ihnen geistige Führung vorgeben müsse, dann kann diese in Wirklichkeit zur Desintegration der Gesellschaft führen. Zu verstärktem Freund-Feind-Denken, das heißt zu weniger Bereitschaft, zu weniger Fähigkeit zur friedlichen Konfliktbewältigung, zu weniger Bereitschaft und insbesondere zu weniger Fähigkeit zur Konsensfindung, das heißt insbesondere zu weniger Bereitschaft und Fähigkeit zum Kompromiß.

Richard von Weizsäcker hat sich einmal im Bundestag, wie ich meine, ziemlich überflüssige Gedanken darüber gemacht, wie die Periode meiner Kanzlerschaft in der Geschichte bewertet werden würde. Ich will dieses Urteil gern anderen und späteren überlassen. Eines will ich aber deutlich sagen: Mein Wunsch ist, daß diese Periode trotz schwieriger werdender Zeiten nicht unter dem Zeichen von weniger Pluralität steht und nicht unter das Zeichen von weniger Diskussion gesetzt wird.

Politisch Andersdenkende, und das gilt insbesondere für junge Leute, dürfen mit ihren Auffassungen auch in Zukunft nicht an den Rand gedrängt werden, auch dann nicht, wenn ihre Ansichten der Mehrheit noch so abwegig erscheinen.

Sozialdemokraten haben mit der Übernahme der Regierungsverantwortung 1969 eine geistige Strömung der sechziger Jahre aufgehalten, die darauf hinauslief, daß das Gemeinwohl vom Staat vorgegeben werden sollte. Für mich hingegen gilt, daß das Gemeinwohl im Wandel der Verhältnisse immer neu bestimmt werden muß. Und für diese immer neue Bestimmung kann es für einen Demokraten, kann es in einer Demokratie keinen anderen Weg geben als das Ringen, die Auseinandersetzung zwischen verschiedenen, zwischen gegensätzlichen Anschauungen und Interessen.

Demokratie ist ein Prozeß und kein Zustand. Zu diesem Prozeß muß auch gehören, einmal getroffene Entscheidungen zu überprüfen. Und dazu sollte gehören, eigene Irrtümer zu korrigieren, wenn Entscheidungen sich als Irrtum erweisen. So haben wir uns beispielsweise gegenüber dem »Extremistenbeschluß« von 1972 korrigiert. Leider sind Schritte zur Selbstkorrektur in unserer politischen Kultur relativ selten – übrigens auch in der wissenschaftlichen Kultur.

Als der damalige Bundeskanzler und die damaligen Regierungschefs der Länder 1972 den Extremistenbeschluß faßten, hatten sie zu einer Vereinheitlichung von Überprüfungs- und Einstellungspraxis von Bewerbern für den öffentlichen Dienst gelangen wollen. Dieses Ziel wurde nicht erreicht. Statt dessen kam es zu bürokratischen Auswucherungen des Überprüfungsapparates, die man sich anfangs gar nicht vorgestellt hatte. Daraus entstanden Ängste, vor allen Dingen bei der Jugend, die weit über den Kreis derer hinausreichten, die tatsächlich Anlaß hatten, eine Überprüfung zu fürchten.

Und deswegen haben die von einer sozialliberalen Koalition regierten Länder und die Bundesregierung sieben Jahre später auf die sogenannte Regelanfrage verzichtet, weil »Aufwand und Ertrag« in einem krassen Mißverhältnis zueinander standen. Aber auch nach einer solchen Korrektur bleiben Wirkungen nach. So zum Beispiel, wenn jener Beschluß des Jahres 1972 auch heute noch dazu führt, daß Menschen sogar in ihrem privaten Bereich in ihrer freien Entfaltung beschränkt werden. Ich denke an jenen Fall, wo einem Ehepaar die Pflegeerlaubnis für ein Mädchen verweigert wurde, weil der Mann Mitglied der Deutschen Kommunistischen Partei ist. Und ich finde es mindestens bedenklich, wenn ein Ministerpräsident im Bundestag verkündet, Wehrdienstverweigerer dürften in seinem Lande jedenfalls nicht als Erzieher in Jugendheimen Dienst tun. Man braucht nicht lange nachzudenken, welches Land das war und welcher Ministerpräsident das war.

Junge Menschen dürfen aber nicht diskriminiert

werden, genausowenig wie alte, wenn sie von einem Grundrecht Gebrauch machen. Und mehr noch: Eine demokratische Gesellschaft, in der es Vielfalt der religiösen Bekenntnisse, Vielfalt der Weltanschauungen, Vielfalt der Interessen gibt, eine solche Gesellschaft kann ohne Toleranz, ohne die Achtung der Würde des anderen Menschen nicht existieren. Diese Einsicht hat sich in den älteren westlichen Demokratien schon früher durchgesetzt. In Deutschland ist die ganze konstitutive Bedeutung der Toleranz für eine menschenwürdige Gesellschaft erst nach den Perversionen des Dritten Reiches voll erkannt worden. Noch immer ist aber bei uns das Toleranzgebot nicht so gefestigt, wie man es sich für eine stabil funktionierende demokratische Gesellschaft wünschen möchte.

Dies gilt übrigens auch für einige Erscheinungen auf seiten der Jugend, für die jugendliche Protestwelle, die wir nicht nur in unserem Land, sondern in Großstädten vieler Länder Europas erleben.

Die dem Protest zugrunde liegenden Ursachen sind vielfältig, die Motive meist verdeckt, oftmals sogar unbewußt. Vielen Jugendlichen, die in einer Zeit der wirtschaftlichen Blüte und materiellen Sorglosigkeit aufgewachsen sind, erscheint heute ihre persönliche Zukunft etwas düster und ihr materieller Wohlstand für die Zukunft ungesichert, obwohl sie ja andererseits gerade das Wohlstandsdenken in Frage stellen wollen. In den Hausbesetzungen zeigen sich sowohl reale Notlagen als auch symbolischer Protest gegen Bürokratie, gegen Ungerechtigkeit, gegen als inhuman empfundene Stadtplanung, Protest gegen Obrigkeit, Protest gegen Staat schlechthin. Dabei spielt sicher die Enttäuschung über die Fehlbarkeit einer angeblich demokratisch vollkommenen Staatseinrichtung eine Rolle. Und in den Protesten gegen Kernenergie mischen sich die Urängste, die Lebensängste vieler Menschen mit Aggressionen kleiner Gruppen, die den Staat oder andere herausfordern wollen.

Wir dürfen und wollen Gewalt nicht tolerieren. Es wäre doch eine Selbsttäuschung zu meinen, daß die Stabilität unserer Gesellschaft langfristig gewahrt werden könnte, wenn man größere Gruppen von Jugendlichen in ein Außenseiterdasein abdrängt oder sie mit ihren Problemen alleine läßt. Auch Bürgergesinnung ist nichts auf Dauer Gegebenes, auch sie muß in jeder Generation neu erwachsen, neu erzogen, neu gefestigt werden. Die Kriminalisierung einer Minderheit, durch die Verschärfung des Demonstrationsstrafrechts, erscheint mir kein geeignetes Mittel, Bürgergesinnung zu erwecken.

Man muß nach den Ursachen fragen, wenn man solche Probleme angehen will. Wir Älteren müssen das Gespräch, das kontroverse Gespräch mit der Jugend suchen und ernst nehmen, ungeachtet ihrer manchmal provozieren wollenden und manchmal nur schwer zu verstehenden Äußerungen. Zu solchem Gespräch gehört auch Festigkeit. Wo ein

Nein geboten ist, muß es auch ausgesprochen werden, und wo ein Ja geboten ist, muß dies genauso offen zugegeben werden. Ich will es einmal zuspitzen: Ein Teil der aggressiven Jugend krankt in Wirklichkeit an einem Mangel an Zivilcourage auf seiten der Erwachsenen. Man sollte doch um Gottes willen als Erwachsener eigene Feigheit nicht als Toleranz camouflieren.

Toleranz ist eben nicht bloßes Gewährenlassen oder Vernachlässigen, Toleranz ist vielmehr Achtung und Geltenlassen der begründeten Werte, der begründeten Haltungen anderer, soweit diese anderen das Recht achten. Toleranz – ich wiederhole es – ist ein konstitutives Prinzip für eine menschenwürdige demokratische Gesellschaft. Aber man darf sie nicht überschätzen. Denn Toleranz kann friedliche Konfliktregelungen, Mehrheitsentscheidungen, Kompromiß und Schiedsspruch nicht ersetzen.

Bei Kant spielt der Staat die Rolle einer Konfliktregelungsinstanz, die die gesellschaftlichen Gegensätze kraft staatlicher Verfahrensregelungen disziplinieren, in Bahnen lenken sollte. Der Staat sollte die Auseinandersetzungen in eine produktive Funktion für die gesamte Gesellschaft lenken.

In meinem Verständnis des Staates wäre das heute einerseits viel zu einfach, und anderseits würde der Staat damit nicht nur optimistisch überschätzt und überfordert, ihm würde damit auch gefährlich viel Macht gegeben. Der Staat darf bestimmte Konflikte eben nicht von sich aus regeln wollen, ob Lohn- oder Tarifkonflikte, ob – auf einer anderen Ebene – religiöse Auseinandersetzungen, sei es in der Literatur oder in den schönen Künsten. In anderen Bereichen dagegen kann ich mich an Kant anlehnen, darin etwa, daß der Staat den äußeren Frieden sichern und die Rahmenbedingungen schaffen und aufrechterhalten muß, in denen die Bürger selbstverantwortlich denken und handeln können.

Ausdrücklich möchte ich Kant zustimmen, wenn er einen unmißverständlichen Vorbehalt macht gegen staatliches Hineinregieren in die ideologischen, in die geistigen Grundlagen der Lebensgestaltung seiner Bürger. Es widerspräche dem Kantschen Prinzip des »Selbstdenkens«, wenn der Staat zum Vordenker würde. Dem folgt nämlich möglicherweise das Bevormunden auf dem Fuße.

Peter Glotz hat unlängst geschrieben, daß vielen in unserer Gesellschaft – und er meinte insbesondere die Jüngeren – die Suche nach einem eigenen Lebensweg zu anstrengend geworden sei. Ich fand das einleuchtend; ich möchte jedoch davor warnen, sich die anstrengende Suche nach der eigenen Identität von der Regierung abnehmen zu lassen oder zu erwarten, die Regierung solle anderen das abnehmen. Dabei besteht die doppelte Gefahr, daß dem Bürger nicht nur die Suche abgenommen wird, sondern auch seine eigene Identität gar nicht gefunden und ihm gegeben werden kann.

Das bedeutet nicht, daß sich ein Bundeskanzler, ein Politiker oder eine Regierung in geistigen Auseinandersetzungen abstinent verhalten müssen. Allerdings entspricht es nicht dem Naturell eines Hamburgers, seine grundsätzlichen Diskussionsbeiträge pathetisch unter den Begriff »geistige Führung« zu bringen und zu verkünden.

Manchem sind meine Beiträge zur Grundwertdebatte noch in Erinnerung, die ich nicht aufgreifen will; aber ich möchte doch in Abgrenzung zu Kant einige Anmerkungen dazu machen.

Ich habe bereits bemerkt, daß in Kants Grundwertekonzeption der Begriff »Gerechtigkeit« nur formale Rechtsgleichheit bedeutet, nicht soziale Gleichheit der Chancen. Eine noch stärkere Einschränkung erfährt bei ihm das Gebot der Solidarität. Es ist bei ihm zwar von moralischer, nicht aber von politischer Verbindlichkeit. Der Staat soll sich aus der Sozialpolitik heraushalten, bis auf wenige Ausnahmen: ausdrücklich genannt wird die Finanzierung von Waisen- und Findelhäusern. Bis auf diese Ausnahmen soll der Staat sozialpolitisch nicht tätig werden. Um es etwas salopp zu sagen: Kant ist eben ein Liberaler und kein Sozialliberaler. Seine Position ist völlig verständlich aus der Frontstellung gegenüber dem spätabsolutistischen Paternalismus des Staates, der sich auf die »wohlverstandenen Interessen« der Untertanen berief, um seine massiven Eingriffe in die individuellen Freiheitsrechte zu rechtfertigen.

Kant hat wohl auch – wie viele Liberale heute noch – die Chancen der Schwachen und der Schutzlosen überschätzt, aus eigener Kraft materiell und geistig selbständige Bürger zu sein. In diesem Punkt haben die Denker des Sozialismus und der Arbeiterbewegung das Kantsche Verständnis von Solidarität weit überholt und erweitert. Für den Königsberger lagen die Probleme des Proletariats noch in der Ferne.

Für den heutigen Sozialdemokraten ist klar: Eine auf den Bereich staatlicher Entscheidungen beschränkte Demokratie muß an ihrer Halbheit kranken, weil sie Bereiche ausklammert, die für den einzelnen wie für die Mehrheit der Gesellschaft von zentraler Bedeutung sind, vor allem die Bereiche des Berufs und der Wirtschaft. Wir sagen: Die politische Demokratie soll durch die soziale Demokratie vervollständigt werden, weil nur so in einer modernen Industriegesellschaft auf die Dauer Gerechtigkeit bestehen und der soziale Friede gewahrt bleiben kann.

Deshalb hat die Sozialdemokratie es immer als Aufgabe des Staates angesehen, die Voraussetzungen für reale Freiheit der Person, für reale Chancengleichheit der einzelnen oder des einzelnen zu schaffen. Und in der praktischen Verwirklichung dessen sind wir in der Tat inzwischen meilenweit über Kant, über Marx, Lassalle, Bebel, Bismarck und Beveridge, über Adenauer hinaus fortgeschritten. Wir haben ein in seiner Reagibilität und in seiner Leistungsfähigkeit hochdifferenziertes Netzwerk sozialer Sicherheit geschaffen. Seiner Empfindlichkeit wegen muß man gerade in schwieriger Situation sorgfältig und vorsichtig damit umgehen. Man muß auch ständig Fehlentwicklungen korrigieren und Mißbräuche verhindern oder ihnen vorbeugen.

Vielleicht darf ich hier eine sehr politische Anmerkung machen. Dieses soziale Sicherungsnetz einerseits und andererseits die deutschen Einheitsgewerkschaften, die ein Beispiel nur noch in Skandinavien und Österreich finden, die Betriebsräte, Betriebsverfassung und Mitbestimmung sind in unserer Gesellschaft wesentliche Grundlage des sozialen Friedens. Darauf ist die enorme soziale und politische Stabilität der Bundesrepublik Deutschland in den letzten dreißig Jahren in höherem Maße zurückzuführen als auf alles andere. Natürlich soll man dies alles heute unter dem Dach des über zweihundert Jahre alten kategorischen Imperativs sehen – aber damals, vor zweihundert Jahren, hat das keiner vorausgesehen. Es war damals auch nicht so gemeint: Auch geschichtlich ist unsere soziale Stabilität nicht aus der Kantschen Ethik oder auf ihrem Boden entwickelt worden.

Ich möchte hier überhaupt all jenen das Spiel verderben, die das, was ich zu sagen habe, mißverstehen wollen, als ob ich die Kantschen Formprinzipien der Ethik als alleinverbindlich hinstellen wollte. Wer dies wollte, hätte den Kantschen Impetus der Aufklärung in einer mißverstandenen Weise aufgenommen, die selber dringend der Aufklärung bedürfte.

Das Grundgesetz enthält Normen – Grundrechte und Verfassungsprinzipien – einer materialen Wertethik. Sie sind nicht vollständig, sie sind auch nicht bezogen auf ein voll durchgestaltetes, ganz eindeutig klares Menschenbild – das wäre in einer freiheitlichen Gesellschaft auch gar nicht denkbar. Aber diese Grundrechte und diese Verfassungsprinzipien sind sehr wohl fundamentalen Erkenntnissen über die Natur des Menschen entsprungen, und sie versuchen, guten wie bösen geschichtlichen Erfahrungen gerecht zu werden, die Deutsche mit sich selber gemacht haben, die Menschen mit Menschen gemacht haben.

Zu diesen Grundrechten unserer Verfassung, wie übrigens auch – so steht es im Godesberger Programm der SPD – zu den Grundwerten der Sozialdemokratie haben Menschen Zugang, die ihre Sollens-Normen, sei es formaler, sei es materialer Art, aus unterschiedlichen weltanschaulichen, philosophischen und religiösen Bindungen und Quellen schöpfen. Was allerdings Kant so modern macht, ist, daß er Denkweisen und Maximen bereitstellt, die weltanschaulich unterschiedlich geprägte Menschen zu einem Prozeß der Verständigung über gemeinsames politisches Handeln zu sittlichen Zwekken befähigen können.

Am Anfang habe ich auf Kants Schrift »Zum ewigen Frieden« hingewiesen, und ich möchte am Schluß diesen Hinweis noch vertiefen.

Die Erhaltung des Friedens ist für Kant nicht allein ein Gebot der Gerechtigkeit, sondern sie ist für ihn eine moralische Pflicht schlechthin. Dabei schätzt er das Andauern von Konflikten zwischen den Staaten durchaus realistisch ein. Friedenspolitik besteht für ihn also nicht in einer Beteuerung des bloßen Friedenswillens und schon gar nicht in der Hoffnung auf ein Zeitalter der internationalen Verbrüderung. Er plädiert vielmehr für eine aktive Politik kontinuierlicher, wechselseitiger Annäherung der Staaten untereinander. Er plädiert für einen kontrollierten Umgang mit den Konflikten zwischen den Staaten und für eine beständige Arbeit an ihrer Regelung im allseitigen Interesse.

Ich habe mich in den Debatten über die Friedenspolitik im letzten Jahr häufig auf Kant berufen. Denn er spricht davon, der Friedenszustand unter den Menschen sei kein Naturzustand; er müsse vielmehr »gestiftet« werden.

Übrigens hat er auch den Gedanken eines Gleichgewichts unter den Staaten vorgestellt: Die Menschen seien genötigt, »ein Gesetz des Gleichgewichts« unter den Staaten herauszufinden. Das Gleichgewicht soll dazu beitragen, zwischen den voneinander unabhängigen Staaten »einen weltbürgerlichen Zustand der öffentlichen Staatssicherheit« herbeizuführen.

In den Naturwissenschaften ist der Zustand des

Gleichgewichts meistens meßbar. In der Psychologie, in der Ethik, in der Politik und in der militärischen Strategie ist Gleichgewicht ein zum Teil unerläßlicher Hilfsbegriff, aber er kann oftmals nicht genau definiert oder gemessen werden.

Was im Jahre 1949, als das Nordatlantische Bündnis begründet wurde, notwendig war, um zwischen Ost und West ein Gleichgewicht zu haben; was 1962 zur Zeit der Kuba-Krise notwendig war, um das Gleichgewicht zwischen West und Ost zu erhalten; was in den achtziger Jahren notwendig ist, um das militärische Gleichgewicht zu wahren – auf diese höchst bedrängenden und wichtigen Fragen können uns Philosophie und Moral keine eindeutigen Maßstäbe liefern. Wir sind vielmehr zurückgeworfen auf die abwägende Vernunft.

Hier muß ich ein weiteres Mal sagen: Selbst bei übereinstimmender Information – und die ist in politischen wie in strategisch-militärischen Fragen recht schwierig zu verwirklichen – kann man in der Abwägung zu sehr verschiedenen Ergebnissen und zu sehr verschiedenen politischen Konsequenzen kommen. Und dennoch können diese verschiedenen Denkergebnisse und politischen Konsequenzen je für sich durchaus moralisch begründet sein. Es ist im konkreten Fall eben nicht einfach, es ist vielmehr ungeheuer kompliziert zu bestimmen, wie zum Beispiel ein Gleichgewicht zwischen der Sowjetunion und den Vereinigten Staaten von Amerika aussehen soll.

Ich möchte die beiden Elemente nennen, die heute die deutsche Politik für ein sicherheitspolitisches Gleichgewicht bestimmen. Das eine Element ist: Die Bundesrepublik Deutschland gehört zum Westen; nur unsere Zugehörigkeit zum westlichen Bündnis kann das Gleichgewicht in Europa erhalten. Hier liegt der Kern unserer Sicherheit. Wir können nicht neutral sein. Zum anderen: Wir brauchen allerdings ein ungefähr gleiches Gewicht der militärischen Kräfte von West und Ost. Nur dann gibt es für alle Beteiligten gleiche Sicherheit. Nur auf dieser Grundlage kann der Friede gesichert werden.

Ein ungefähr gleiches Gewicht militärischer Kräfte darf nicht allein durch beiderseitige Rüstung hergestellt werden. Denn dies wäre ein labiles System, das zu einem verhängnisvollen Rüstungswettlauf tendiert. Mehr Sicherheit liegt darin, das Gleichgewicht militärischer Kräfte auf dem Wege vertraglich vereinbarter Rüstungsbegrenzung zu stabilisieren. Wenn die Menschheit sich nicht zu Tode rüsten soll, dann gibt es nur diesen Weg.

Deshalb mußte zum Beispiel der Beschluß der NATO über die westliche Nachrüstung bei eurostrategischen Waffen ein Doppelbeschluß sein: nicht nur durch eigenes westliches Rüstungshandeln – amerikanisches Rüstungshandeln, genauer gesagt – den Vorsprung der anderen aufholen, sondern gleichzeitig der Sowjetunion das Angebot machen, über gleichgewichtige Beschränkung dieser

Waffen zu verhandeln und einen entsprechenden Vertrag miteinander zu schließen.

Allerdings kann sich Friedenspolitik nicht auf die Erhaltung des sicherheitspolitischen Gleichgewichts beschränken. Gleichgewicht ist eine notwendige Bedingung für den Frieden, aber keine hinreichende Bedingung. Es muß die Friedensgesinnung hinzukommen, der Wille zur Mäßigung dem anderen gegenüber, der Wille, aufeinander zuzugehen, der Wille, miteinander zu reden und dabei auch zuzuhören, wenn der andere spricht. Hinzukommen muß der Wille, die Interessen des anderen zu verstehen, darüber hinaus seine Interessen zu respektieren, es müssen der Wille und die Fähigkeit zum Kompromiß hinzukommen, es muß hinzukommen der Wille zur Kooperation.

Wir Deutschen können nicht verhindern, daß sich die Beziehungen zwischen Ost und West zuweilen abkühlen. Aber gerade wir müssen dann darauf achten, uns nicht durch Fixation auf Feindbilder um die politische Vernunft bringen zu lassen. Gerade in Zeiten, in denen sich die Gegensätze und Konflikte verhärten, kommt es darauf an, das Gespräch mit der anderen Seite aufrechtzuerhalten.

Diese Anerkennung der Selbständigkeit des anderen, seines Bedürfnisses nach Sicherheit, seiner Interessen schließt Einmischung in seine inneren Angelegenheiten aus. Das sagt der fünfte Präliminarartikel in Kants Schrift »Zum ewigen Frieden« mit den Worten: »Kein Staat soll sich in die Verfassung und Regierung eines anderen Staates gewalttätig einmischen.« Dieser Gedanke, den Kant übrigens gewiß nicht als erster entwickelt hatte, findet sich heute als selbstverständlicher und wichtiger Bestandteil im Völkerrecht, in der UNO-Charta und auch in der Schlußerklärung zur KSZE von Helsinki.

Ebenso wichtig ist bei Kant im Interesse des Friedens ein kontinuierlicher Prozeß wirtschaftlicher Verflechtung (erster Zusatz zur Schrift »Zum ewigen Frieden«). Wirtschaftliche Verflechtung im Interesse des Friedens war auch das Motiv der sozialliberalen Koalition für die bedachtsame Entwicklung des Handels mit der Sowjetunion und mit dem europäischen Osten überhaupt.

Zum Schluß: Wesentliche Grundlage für jede Zusammenarbeit zwischen Staaten, aber auch zum Beispiel für Verträge über Rüstungsbegrenzung und Abrüstung ist ein gegenseitiges Vertrauen, und Verträge lassen dann das Vertrauen zusätzlich wachsen. Ich muß keine Beispiele dafür geben, wie sehr das Vertrauen zwischen den Staaten und Völkern behindert und beeinträchtigt ist. Gerade wir Deutschen, in deren Namen in diesem Jahrhundert Vertrauen zwischen den Völkern auf schreckliche Weise zerstört wurde, haben es nötig, immer wieder aufs neue für die Bildung von Vertrauen politisch zu arbeiten.

Man muß dabei wissen, daß Voreingenommenheit und Ressentiments in der Auseinandersetzung zwischen Ost und West nicht nur auf einer Seite herrschen – und Angst gibt es dort wie hier.

Internationale Absprachen, die Vertrauen bilden, können ein Klima schaffen, in dem Ängste abgebaut, in dem differenzierte Bilder der jeweils anderen Seite möglich werden. Vertrauensbildung heißt auch, die Vielschichtigkeit der Motive der Gegenseite zu sehen, sich nicht nur in die äußere Lage der Gegenseite, sondern auch in ihre innere Situation einfühlen und die Loyalitäten der anderen Seite ernst nehmen.

Der große Preuße Immanuel Kant hat uns heutigen Politikern zugleich Zeitbedingtes und zugleich durchaus Gültiges vorgedacht und hinterlassen. Allerdings nicht gerade griffbereite politische Handlungsanweisungen. Die Fachphilosophen werden vielleicht ein bißchen darüber irritiert sein, daß ich über vieles von dem, was sie für das eigentlich Wichtige bei Kant halten, gar nichts gesagt habe.

Mir war wichtig, den kategorischen Imperativ mit dem handelnden Politiker in Beziehung zu setzen.

Er hat die Pflicht, vorauszudenken und alle Folgen kritisch zu bedenken.

Er hat die Pflicht, alle Interessen kritisch abzuwägen.

Er hat die Pflicht, die Moralität nicht nur der Ziele, sondern auch der Mittel im Auge zu haben.

Er muß in der Demokratie den ungeheuren Aufwand auf sich nehmen, anderen seine Gründe transparent zu machen und sie zu überzeugen, weil er Mehrheiten braucht.

Er muß die erstrebten und die unerwünschten Folgen seines Handelns gleichermaßen verantworten.

Er muß alles tun im Bewußtsein nicht nur seiner Fehlbarkeit, sondern der Fehlbarkeit demokratischer Entscheidungen schlechthin.

Ihm obliegt infolgedessen die Pflicht, jeden einzelnen Schritt auf einem langen Wege mit Augenmaß richtig zu bemessen.

Diese Maximen politischen Handelns sind nicht vollständig. Für diese Maximen war mir Kant wichtig; aber auch die zuvor erwähnten Karl Marx, Max Weber und der vielleicht von den meisten nicht so ernst genommene Marc Aurel, der mich insbesondere in der Selbsterziehung zu Pflichtbewußtsein und Gelassenheit beeindruckt hat. Aber ich muß hinzufügen, daß mich die Gedanken des Naturrechts, die Gedanken der amerikanischen Revolution – übrigens stärker als die der französischen –, daß mich Lassalle, Bebel und Bernstein und daß mich vor allem das Desaster der Hitler-Zeit in meinem Demokratie- und Staatsverständnis mindestens ebenso geprägt haben, wie Kant es hat.

# Bekenntnisse eines Musikfreundes

*1985 jährten sich zum dreihundertsten Male die Geburtstage Johann Sebastian Bachs, Georg Friedrich Händels und Domenico Scarlattis. Gleichzeitig feierte man die vierhundertste Wiederkehr des Geburtstages von Heinrich Schütz. Aus diesem Anlaß erklärte der Europarat dieses Jahr zum Jahr der europäischen Musik. Höhepunkt einer Reihe von Veranstaltungen in der Hansestadt Hamburg war der Festakt zum 300. Geburtstag von Johann Sebastian Bach am 21. März in der Hauptkirche St. Michaelis. In ihrem Rahmen hielt Helmut Schmidt eine Ansprache, die die sehr persönliche Beziehung zu dem Leipziger Thomaskantor dokumentiert.*

Vor einem Jahrzehnt habe ich einmal die Leipziger Messe besucht. Dort ergab es sich, an einem für mich zufällig freien Abend, daß in der Thomas-Kirche eine Bachsche Kantate gegeben wurde. Wir telefonierten mit dem Kirchbüro und baten um Einlaß und um unauffälligen Zugang. Man sagte uns: »Kommen Sie zwei Minuten vor Beginn, der Pastor wird Sie am Seiteneingang erwarten.« So geschah es. Der Pastor führte meine Frau und mich zu unseren Plätzen im Chor der Kirche, die vollends gefüllt war.

Die Musik begann, kaum daß wir uns hingesetzt hatten. Etwas verstohlen und unauffällig ließen wir unsere Augen durch die Kirche gehen; und sie fielen auf eine einzelne, langstielige rote Rose, die vor uns auf dem Boden lag. Genauer besehen, lag die Rose auf einer Grabplatte, die in den Fußboden eingelassen war. Sie war schmucklos, und sie trug Johann Sebastian Bachs Namen und seine Lebensdaten. Mich ergriff eine unbeschreibliche Rührung und Erregung. Ich hatte Mühe, mich selbst in Disziplin zu nehmen. Denn dieser Augenblick, Bachs Musik im Ohr, seine Thomas-Kirche und seinen Namen vor Augen – dieser Moment rief mir alles das auf einmal ins Bewußtsein, was ich im Laufe des Lebens der Bachschen Musik verdankte.

Zu Besuch in der DDR zu sein, war allein schon erregend genug gewesen. Nun aber kam die Begegnung mit einem der größten Geister hinzu, die unser Volk hervorgebracht hat. Kaum jemals habe ich tiefer gefühlt, was es bedeuten kann, ein Deutscher zu sein. Und ebenso habe ich kaum jemals deutlicher empfunden, welches Glück aus der Musik fließen kann.

Musik sei zur Rekreation des Gemütes, so hat bekanntlich Bach einmal geschrieben. Und das ist wohl wahr. Rekreation – das bedeutet in unserer heutigen Sprache wohl Erholung. Heute würde

Bach vielleicht sagen: Musik gilt der Erneuerung der Seele des Menschen.

Natürlich bedarf es der Anleitung, um zu lernen, Musik zu hören. Das ist wie mit Sprechen und Lesen und Schreiben, das muß man als Kind auch alles erst lernen. Ich hatte Glück in meiner Kindheit; denn dank der Anleitung durch meine Mutter und dank der Übung in meiner Schule habe ich relativ früh gelernt, Musik zu hören. Meine Mutter hatte als junges Mädchen vor dem ersten Weltkrieg unter Alfred Sittard im Kirchenchor gesungen. Und deshalb war es ganz natürlich, daß bei uns zu Hause sich oft ihre Geschwister und ihre Cousinen und Cousins um das Klavier versammelten, um vierstimmig zu singen. Einer meiner Onkel war Musiklehrer an einer Volksschule, er war sozusagen der Leiter dieses kleinen Familienchors.

Und ein- oder zweimal hat er uns damals, es muß 1930 gewesen sein oder 1931, die Goldberg-Variationen vorgespielt. Sie erschienen mir mit meinen damals zwölf oder dreizehn Jahren als der absolute Höhepunkt polyphoner Musik. Und wenn ich heute Glenn Goulds Interpretation der Goldberg-Variationen von der Platte wieder und wieder höre, so wollen sie mir immer noch und erneut als ein Höhepunkt der Musik schlechthin vorkommen. Dieser Onkel übrigens, Ottomar Heinz Otto, schenkte mir damals das »Notenbüchlein der Anna Magdalena Bach«. Manche der Stücke konnte ich spielen, andere, wie zum Beispiel die e-moll-Partita, waren viel zu schwierig. Aber es gibt im Notenbüchlein der Anna Magdalena auch eine Aria in G-dur, die konnte ich spielen. Und erst Jahrzehnte später habe ich begriffen, daß jenes Stück aus meiner Kinderzeit zugleich das Thema der Goldberg-Variationen ist.

In der Lichtwark-Schule haben wir unter Ernst Schütt und Ludwig Moormann viel musiziert und gesungen. Und dabei hat mich immer die Klarheit, die Durchsichtigkeit und die Ordnung der polyphonen Barockmusik mehr angezogen als alle Klassik und Romantik. Schütz, Pachelbel, Buxtehude – das waren meine Komponisten. Vor allem aber Bach, Telemann, Vivaldi, Purcell. Die Bach-Söhne liebte ich auch, aber schon mit Abstrichen. Je durchsichtiger eine Musik war, um so mehr ging sie in mein Ohr. Wir sangen natürlich auch Modernes – auch Kurt Weills freche Songs, aber eben auch Paul Hindemith.

Von Hindemith stammt ein bedeutungsvolles Wort über Johann Sebastian: »Es ist also dies das Wertvollste, was wir mit Bachs Musik geerbt haben: die Schau bis ans Ende der dem Menschen möglichen Vollkommenheit und die Erkenntnis des Weges, der dahin führt, das unentrinnbare, pflichtbewußte Erledigen des als notwendig Erkannten, das aber, um zur Vollkommenheit zu gelangen, schließlich über jene Notwendigkeit hinauswachsen muß.«

Dieses Hindemith-Zitat stammt übrigens aus

einer Rede, die er in Hamburg vor fünfunddreißig Jahren gehalten hat, aus Anlaß der damaligen zweihundertsten Wiederkehr von Bachs Tod.

Über das Verhältnis zwischen Bach und Hamburg ist mit Bescheidenheit zu sprechen. Wenn unsere Hamburger Vorväter etwas mehr Geschick entfaltet hätten, so hätten sie vielleicht den jungen Bach als Kirchenmusiker eingestellt, der sich damals an St. Jacobi beworben hatte. Er war auch schon vorher mehrfach von Lüneburg aus nach Hamburg gewandert, um in St. Katharinen Reinkens Orgelspiel anzuhören. Aber die Hamburger Pfeffersäcke muteten ihm zu, die freie Stelle an St. Jacobi zu kaufen – für 4000 Taler. Die hatte er nicht; und die wollte er wohl auch nicht bezahlen, wenn er sie gehabt hätte. Die Lübecker übrigens haben ihm noch mehr zugemutet, das verschweige ich hier. Und so ging er nach anderswo. Schließlich zog er nach Leipzig und wurde der Thomaskantor.

Die Hamburger übrigens haben auch Händel nicht hier halten können, ebensowenig wie später Brahms. Die Mahnung ist gerechtfertigt: Laßt uns, die Heutigen, gut hinhören, wenn ein junger Mensch musiziert, damit wir nicht später von unseren Nachbarn gescholten werden, wir seien abermals unfähig gewesen, ein Genie zu erkennen.

Wahrscheinlich ist es aber zu allen Zeiten nicht leicht, unter den eigenen Zeitgenossen die überragenden herauszukennen und sie dann außerdem noch anzuerkennen. Es fällt einigen offenbar schwer, diejenigen anzuerkennen, die uns längst verlassen haben. Ich las jüngst in einem Hamburger Wochenmagazin, die Zeit sei *»reif, die Säule Bach abzuklopfen, und siehe da, die Säule wankt«*. Der SPIEGEL kann eben keine Autorität ertragen, es sei denn die eigene. Und in der ZEIT, der ich selbst verbunden bin, war gleichzeitig zu lesen: *»Bachs Musik ist der Bernstein, darin die frohe Botschaft überdauert. Bach ist die Religion für Atheisten.«* Auch dies – wie mir scheint – eine Überheblichkeit, wie sie dem heutigen deutschen Geisteszustand leicht aus der Feder fließt oder über die Zunge kommt.

Vielleicht hatte der Autor eigentlich bloß gemeint, Bach könne eine Religion sein, selbst und sogar auch für Atheisten. Dergestalt umformuliert könnte man jenes Diktum gelten lassen. Aber man darf dabei Bach nicht mißverstehen; denn jenem oft zitierten Wort aus seiner Feder über den Zweck der Musik, der »Rekreation des Gemüts« zu dienen, diesem Wort geht ein anderes voraus, nämlich: Zweck aller Musik solle nichts anderes sein, »als nur zu Gottes Ehre« – *und* zur Rekreation des Gemütes zu dienen.

In umgekehrter Richtung sind in ihrem Urteil diejenigen, wie ich denke, wohl einen Schritt zu weit gegangen, die Johann Sebastian den fünften Evangelisten genannt haben. Mir scheint wahr, daß das Schaffen des Thomaskantors sich ganz im Geiste des Luthertums seiner Zeit vollzog, in einem ungebrochenen Verständnis des Glaubens und in einer Ordnung, in die er sich eingebunden wußte und in die er sich als selbstverständlich eingefügt hat. Er war von Aufklärung und Rationalismus noch nicht berührt, vielmehr war er ein im Glauben gebundener Mensch. Religio kann übersetzt werden mit Rückbindung. Bach war ein im Glauben rückgebundener, rückversicherter Mann. Nicht wollte er selbst ein Prediger sein oder ein Evangelist, sondern durch seine Musik diente er Gott und den Menschen – ohne inneren Zweifel an der vorgefundenen Ordnung.

Er strebte nach höchster Vollendung, nach höchster Vollkommenheit seiner Musik, ob in der »Kunst der Fuge«, ob im »Wohltemperierten Klavier«, ob in der h-moll-Messe oder in der Matthäus-Passion. Wenn ihm aber ein Heutiger gesagt hätte, in Wahrheit strebe er doch nach Selbstverwirklichung, dann hätte Bach nicht nur sowohl das Wort nicht verstanden, sondern er hätte auch dessen inneren Sinn kaum akzeptiert.

Wenn die größere Bachfamilie zusammenkam – viele aus der Sippe waren Musiker, auch Kantoren und Organisten –, dann haben sie zusammen gesungen und musiziert, weil es ihnen Freude machte. Und dabei gab es dann durchaus auch Volkslieder und Quodlibets und Gassenhauer, selbst flachschlüpfrige Texte; man denke etwa an das naiv-erotische Gedicht am Schluß des Notenbüchleins der Anna Magdalena. Aber am Anfang dieses Musizierens und dieses Singens innerhalb der Familie, so wird uns berichtet, stand immer zunächst der gemeinsame Choral. Und der Choral war ihnen offenbar innerlich notwendig. Er war ja nicht Intonation oder Leitstimme für eine Gemeinde zum Mitsingen. Er konnte im Hause Bach nicht den Zweck verfolgen, eine Gemeinde auf Liturgie oder Predigt einzustimmen, vielmehr muß er wohl Ausdruck des eigenen Lebensgefühls gewesen sein.

Deshalb glaube ich, daß E.T.A. Hoffmann nicht recht gehabt hat, als er im vorherigen Jahrhundert schrieb, Bach sei Musik als Kultus; und die Texte der Bachschen Kantaten und Messen seien eigentlich unwichtig. Für einige – in der Nachwelt, in der damaligen Romantik oder auch in der heutigen Zeit –, für einige mag dies so sein, aber für Bach kann es kaum gelten. Ich glaube, Bischof Krusche hatte sehr wohl recht mit seinem Hinweis auf Johann Sebastians häufiges Schlußwort, das von eigener Hand am Ende einer neuen Komposition geschrieben war: »Soli Deo Gloria.«

Bach hat sehr vieles in seinem Werk von Berufs wegen komponiert, ja komponieren müssen. Daraus sind zum Beispiel die ungezählten Kirchenkantaten entstanden. Mehr als zweihundert Kantaten sind uns erhalten geblieben. Ebenso hat er für seine Schüler komponieren müssen. Vieles aus seiner Musik war Pflicht und nicht etwa Kür. Wenn aber etwa die für die Schüler geschriebenen zweistimmigen Inventionen gleichwohl musikalisch so hervorragend gelungen sind, so zeigt sich daran, wie ernst jener Mann seine Pflichten genommen hat.

Bach hat gewiß seinen eigenen Rang erkannt. Er war durchaus selbstbewußt; gleichwohl hat er sich mit einer gewissen Demut in die Ordnung eingefügt. Er wollte nicht etwas kolossal Neues schaffen wie später Richard Wagner oder Arnold Schönberg. Dennoch war seine Musik in gewissem Sinne progressiv, nämlich in die Zukunft weisend. Er baute auf allem auf, was es vorher gegeben hatte, aber er wies in die Zukunft. Wir alle, zehn Generationen später, ein Vierteljahrtausend später, wir alle hören seine Musik mit dem größten Vergnügen und mit Selbstverständlichkeit, ganz so, als gehöre diese Musik zu unserer eigenen Zeit. Und ohne Schaden erträgt diese Musik fast jedwede Bearbeitung von Busoni bis zu Jacques Loussier oder den Swingle Singers. Das wird wohl noch lange Zeit so bleiben.

Es hat nach Bachs Tod zunächst drei Generationen gedauert, bis 1829 Mendelssohn zum ersten Mal die Matthäus-Passion wieder aufgeführt hat. Man kann sagen, Mendelssohn kommt das Hauptverdienst an der Bach-Renaissance beim breiten Publikum zu. Wir heute Lebenden haben alle von dieser Renaissance profitiert.

Als gleich nach dem zweiten Weltkrieg in Hamburg unter den primitivsten Verhältnissen wieder Konzerte gegeben wurden, da gab es auch die sechs Brandenburgischen Konzerte, auch die h-moll-Suite; es muß Stross oder Scheck-Wenzinger gewesen sein oder beide Kammerorchester nacheinander. Wir Hamburger hörten zu und freuten uns, daß der Krieg, der uns so vieles genommen hatte, uns jedenfalls diese Musik und dieses Musikerlebnis nicht hatte nehmen können. Ich erinnerte mich damals an die Musikeindrücke aus meiner durch den Krieg reichlich verkürzten Jugendzeit. Ich erinnerte mich an die Bach-Biographie von Albert Schweitzer, die wir Ende des Jahres 1944 aus unserer als Hamburger Bombenflüchtlinge in die heutige DDR verbrachten und dort zurückgelassenen Habe einem befreundeten Arzteehepaar in Bernau bei Berlin geschenkt hatten. Und ich erinnerte mich an die Fotokopie der Bachschen Notenhandschrift, die über dem Klavier gehangen hatte. Fürwahr, eine ungemein klare und kraftvolle Handschrift.

Bachs Musik ist an vielen Stationen des Lebens für mich immer erneut eine Quelle inneren Friedens gewesen – zugleich der Sammlung der eigenen Kräfte, eine Quelle der inneren Gelassenheit. Mir ist sie – um mit Goethe zu sprechen – »herrlich wie am ersten Tag«. Und ich gebe Joachim Kaiser recht, der in der SÜDDEUTSCHEN ZEITUNG geschrieben hat: »Es gibt keine Formel, keine griffige These, die hilfreich definierend Johann Sebastian Bach erklären könnte. Dazu ist er zu groß.«

Alles, was zu Bachs Zeit politische und gesellschaftliche Wirklichkeit bedeutete, ist nun schon längst vergangene Geschichte. Die Konflikte von damals sind sozusagen begraben und vergessen. Unsere politische Gegenwart trägt von ihnen keine Spuren mehr, es sei denn die Parallele, daß auch damals Deutschland sich langsam von materiellen und geistigen Verwüstungen zu erholen suchte, die der Dreißigjährige Krieg angerichtet hatte. Die Schatten jenes Krieges haben lange auf Deutschland gelegen, und sie haben manche Fehlentwicklung, manches Zuspätkommen der deutschen Nation und auch manche Übertreibung zur Folge gehabt.

Bach ist aber nicht Geschichte, sondern ist Gegenwart und Zukunft. Er war einer der größten Deutschen. Doch sein Deutschtum hat nicht seine Musik bestimmt; denn er holte sich seine Anregungen aus vielen Himmelsrichtungen – vor allem aus Italien, von Vivaldi. Dennoch hat Bach auf das stärkste die deutsche Musik bestimmt und sie beeinflußt. Mozart, Beethoven, Brahms und viele andere haben das so gesehen. Es war wohl Ausdruck des oft gefährdeten und oft mißbrauchten deutschen Nationalgefühls, daß einige Bach bisweilen sehr eifersüchtig zum deutschen Musiker par excellence stilisiert haben und daß seiner Musik die Verdrehtheiten und die künstlichen Überhöhungen des deutschen Nationalismus unterlegt worden sind.

Dennoch möchte ich sagen: Kein Volk kann ohne geschichtliche Identität auskommen. Und wenn man deutsche Vergangenheit bloß noch als eine

Kette von Versagen und Versäumnissen und Verbrechen wahrgenommen wissen will, dann kann das Gefährdungen für die Gegenwart und für die Zukunft unseres Volkes heraufbeschwören. Eine solche verengende Geschichtsauffassung könnte zur sich selbst erfüllenden Prophetie werden, könnte neue Katastrophen zeugen.

Es ist wahr, die deutsche Geschichte hat große Schatten, aber sie ist keineswegs gleichbedeutend mit Finsternis. Da gibt es auch viel Licht und Glanz. Und die Verehrung, die der deutschen Musikkultur überall in der Welt entgegengebracht wird, darf uns zu ein wenig Stolz bewegen. Stolz darüber, zu dem großen kulturellen Zusammenhang Europas, zu dem Kontinuum, zu dem auch Bach gehörte und in welchem er als Vollender und Verwandler wirkte, zu diesem Kontinuum dazuzugehören. Und dieser Stolz ist dann um so legitimer, wenn wir keinen Alleinbesitz behaupten und beanspruchen – nicht bei Bach und nicht bei anderen Großen in der Musik. Musik ist ein internationales, ein transnationales kulturelles Phänomen.

Angesichts der Überreizung unserer Kinder durch Fernsehen und allerlei Geräusch habe ich vor Jahren zur Pflege der Lesekultur aufgerufen, damit wir nicht zu einem Volk der Manipulierten oder der Saturierten *und* Manipulierten werden sollten. Ich würde gerne hinzufügen: Ohne Musik kann die Bahn auch abschüssig in Stumpfheit und Borniertheit führen. Ohne Musik – das könnte durchaus das

Schicksal einer Generation werden, die in einem Meer von Geräuschen ertrinkt, von »Geplärr und Geleier«, wie Bach das genannt hat. Es geht um die Bewahrung und um die immer neue Erschaffung der Musikkultur der Lebenden. Wir sollten also dafür sorgen, daß in unseren Wohnungen und in unseren Schulen gesungen wird und Musik gemacht wird, daß die Nachwachsenden lernen, daran Freude zu haben.

Es wird Zeit für jene Sprache, die unsere Seele ohne Umwege erreicht, die keinen Irrtum kennt und keine Lüge. Es wird Zeit für Bachs Musik und für seine Kantate: »O ewiges Feuer«.

# Das zweite Gesicht
# der Künstler

*In der Kunsthalle der Stadt Emden, Ergebnis einer Privatinitiative des Emdener Mitbürgers Henri Nannen, wurde am 16. Juni 1985 aus Anlaß des 90. Geburtstages des Malers Franz Radziwill eine Ausstellung seiner Bilder eröffnet. Helmut Schmidt deutete in seiner Eröffnungsrede den Beitrag des deutschen Expressionismus zur Malerei in der ersten Hälfte dieses Jahrhunderts.*

Wir haben in Deutschland in den letzten Jahrzehnten einen Boom an Museumsbauten erlebt, aber auch einen Besucherboom. Heute gehen mehr Menschen in Museen als zu Bundesligaspielen. Das ist, wie mir scheint, ein Zeichen dafür, daß es ein großes Bedürfnis nach Kunst gibt.

Die Menschen beschäftigen sich intensiv auch und gerade mit der künstlerischen Produktion unserer Gegenwart; und wenn Menschen richtig sehen lernen, werden sie dabei möglicherweise über unsere Zeit, über unsere Welt mehr erfahren als aus Hunderten von Fernsehsendungen, Videokassetten, die bloß überschwemmen, weil sie uns keine Zeit, weil sie uns keine Muße lassen zu Kontemplation und Nachdenken.

Unsere heutige Welt hat es nötig, daß wir über sie nachdenken. Vor gut siebzig Jahren, es war 1913, hat ein bei uns fast unbekannter oder fast vergessener französischer Schriftsteller, Charles Péguy, die Feststellung getroffen: »Die Welt hat sich seit der Zeit Jesu Christi weniger verändert als in den letzten 30 Jahren.« Das war 1913. Er meinte damit die Veränderung des Selbstverständnisses, des Geschichtsbewußtseins, der Moralvorstellungen, wohl auch die Veränderung der Produktionsmethoden in der westlichen europäischen Gesellschaft. Er meinte sicherlich auch ihre Kunst. Wahrscheinlich war das damals 1913 eine Übertreibung, jedenfalls war es eine Vorwegnahme. Denn die größten Umwälzungen – das kann man heute erkennen – wurden ja erst durch die beiden Weltkriege ausgelöst. Péguy hatte wohl eine zutreffende Vorahnung. Die Welt hat sich in der Tat etwa seit 1885, im Laufe von hundert Jahren, ungeheuerlich verändert. Und die Kunst hat in diesem gleichen Zeitraum von hundert Jahren eines ihrer größten Experimente durchlaufen: das große Experiment der Moderne.

In ihrer Bedeutung, so scheint mir, kann man die Moderne nur mit der Renaissance vergleichen, die zur Eigenständigkeit der Kunst – und übrigens auch des Künstlers – gegenüber dem religiösen Mittelalter und dessen Ansprüchen, also zur Autonomie der Kunst geführt hat. Die Moderne hat dann mit jahrhundertealten Kultur- und Kunsttraditionen gebrochen, so etwa mit den Grundsätzen der Zentralperspektive, mit dem Kanon der Komposition, auch mit dem Ideal des Schönen, zum Teil auch eben mit dem Postulat des Realismus. Die Moderne hat das Sehen relativiert, sie wurde teilweise sogar abstrakt, das heißt, sie löste sich von dem Gegenstand, den wir mit unseren Augen sehen. Ich glaube, daß die abstrakten Maler das, was sie meinen, quasi mit einem inneren Auge gesehen und registriert haben.

Das Tempo der technischen Entwicklung, auch das der Entfaltung der industriellen Produktion, ist gegen Ende des vorigen Jahrhunderts und in unserem Jahrhundert mindestens so rasant gewesen wie die Entwicklung der künstlerischen Ausdrucksformen. Demnach blieb bis 1914 weitgehend der Fortschrittsglaube ungebrochen.

Wenn wir zurückschauen auf das, was in den wenigen Jahrzehnten vor dem ersten Weltkrieg alles geschah: 1877 ist das Grammophon erfunden worden von einem Herrn Edison, eine wunderbare Bereicherung unseres kulturellen Erinnerungsvermögens. Derselbe Mann hat dann ein paar Jahre später die erste Glühbirne erfunden, eine technische Sensation der Belle Epoque. In den ersten fünfzehn Lebensjahren Pablo Picassos – er wurde 1881 geboren – sind die Grundsteine für die heutige zivile und militärische Technik gelegt worden. Das Maschinengewehr wurde erfunden, die erste synthetische

Faser, die Dampfturbine, das beschichtete Fotopapier, der Dieselmotor, die Röntgenstrahlen. 1903 gab es den ersten Flug eines Motorflugzeuges, 1905 kam die erste Version von Albert Einsteins Relativitätstheorie heraus.

Welch dramatisches Entwicklungstempo des technischen Fortschritts insgesamt! Viele der Gegenstände, die damit zu tun haben, die daraus hervorgegangen sind, kommen später in Franz Radziwills Bildern vor. Die moderne Malerei ist darin ebenso wie die moderne Technik enthalten. Er hat fast nie Landschaften gemalt, ohne technische Apparate oder Produkte einzufügen. Allerdings, so will mir jedenfalls scheinen, stehen Natur und Technik bei ihm immer in einem nicht aufgelösten Widerspruch zueinander, keineswegs in einem harmonischen Spannungsverhältnis. Es gibt keine Schöpfungs*ordnung* mehr in diesen Bildern, keine Ruhe wie etwa bei den alten holländischen Landschaftsmalern. Bisweilen glaubt man zu spüren, daß er sich nach Ruhe sehnt; bei einigen Landschaften von ihm gibt es die Technik, aber sie stört auf den Bildern nicht. Insgesamt lastet jedoch eine Spannung zwischen Natur und Technik auf Radziwills Bildern und sie überträgt sich auch auf den Betrachter.

Die Welt ist nicht heil. Der Krieg und die bizarren Alpträume, die er uns hinterlassen hat, lasten auf uns. Obwohl wir beim Betrachten dieser Bilder den Krieg gar nicht sehen. (Es gibt nur ein oder zwei Bilder mit Stahlhelm, wenn ich mich recht erinnere.)

Radziwill war ein moderner Maler, ein wirklicher Repräsentant dieses 20. Jahrhunderts. Sein Verhältnis zur Technik ist problematisch, die technischen Produkte menschlichen Erfindergeistes haben in seinen Bildern oft etwas Bedrohliches, etwas Fremdes, und sie weisen hin auf die Risse in unserer heutigen Zeit, in unserer heutigen Welt. Ebenso die zerrissenen Himmel, ein häufiges Motiv in Radziwills Bildern. Neben der rationalen, realistisch geschilderten Oberfläche eines Bildes des 19. Jahrhunderts, neben der leuchtenden Pracht des Impressionismus, neben der körperlichen Welt hat es die Maler der Moderne immer fasziniert, auch den Traum darzustellen – mit seinen Geheimnissen, auch mit seiner Melancholie, mit seinen Ängsten.

Seit dem neunzehnten Jahrhundert kommt intensiver Überschwang auf, gleichzeitig Melancholie, etwa die Melancholie deutscher Romantiker wie Caspar David Friedrich oder die Chagalls; dazu tritt die Geisterwelt, und all dies bildet in zunehmendem Maße eine Gegenwelt ab. Es entsteht eine Gegentradition zu den früher herrschenden offiziellen Kunstrichtungen. Und schließlich mündet diese Gegentradition kataraktartig in den Expressionismus und in den Surrealismus. Die beiden letzteren haben Franz Radziwill ganz offenkundig geprägt. Die Leiden des Künstlers an seiner

Zeit, die Angst, das Unbehagen an der Gesellschaft, individuelle Verlassenheit, ein Gefühl für drohende Katastrophen, vielleicht für das Ende des Fortschritts, vielleicht für das Ende der Errungenschaften der Zivilisation – wer will das deuten. Angesichts der Katastrophe des zweiten Weltkrieges sehen wir, daß dies reale, berechtigte, allzu berechtigte Gesichte und Einsichten waren. Vielleicht besaß Radziwill das zweite Gesicht.

Ich bin Radziwill persönlich ein paarmal begegnet, und zwar im Hause der beiden Schwestern Olga Bontjes van Beek und Amalie Breling in Fischerhude, in der zweiten Hälfte der dreißiger Jahre; Radziwill muß damals auf die Mitte seines fünften Lebensjahrzehnts zugegangen sein. Man sprach ohne Scheu und offen miteinander. Keiner glaubte an Hitler, im Gegenteil; aber alle glaubten an die Kunst, die Bildhauer, die Schriftsteller, die Musiker, die Maler – allerdings waren die Kunstrichtungen selbst gar nicht einheitlich. Einheitlich war nur die Ablehnung des Dritten Reiches, gemeinsam der Enthusiasmus für die Freiheit der Kunst.

Wenn ich es richtig sehe, hat Radziwill viele der herausragenden deutschen Expressionisten persönlich gekannt. Einen von ihnen will ich zitieren – Max Beckmann, der 1920 geschrieben hat: »Wir müssen teilhaben an dem großen zukünftigen Elend, wir müssen unsere Herzen und Nerven den getäuschten Menschen bloßlegen, die schreien, weil man sie belogen hat. Das ist die einzige Rechtfertigung unseres Daseins als Künstler, sonst sind wir überflüssig und egoistisch. Unsere Aufgabe ist es, die Menschen mit den Bildern ihres Geschickes zu konfrontieren.« Nach dem zweiten Weltkrieg und nach Auschwitz hätte Beckmann das gewiß noch schärfer formuliert, wäre er nur noch genauso jung gewesen. Mir scheint, daß viele der Radziwill-Bilder dieser Intention Beckmanns folgen. Radziwill erreicht darin nicht die ätzende Schärfe von Beckmann oder Grosz. Das mag daran liegen, daß er kein Mensch der Stadt gewesen ist, kein Großstadtmensch. Sein Rückzug auf das Land nach Dangast beweist wohl das Gegenteil.

Spätestens mit dem ersten Weltkrieg hat die Moderne den Fortschrittsglauben wirklich verloren. Sie hat statt dessen die Krise dargestellt; viele der Künstler der Moderne hatten eindrücklich schon vorher auf die Krise verwiesen. Bis heute beschäftigt uns die Ambivalenz, die Zweideutigkeit, die Zweiwertigkeit aller großtechnischen Entwicklung.

Die Entwicklung der Großtechnik in den letzten hundert Jahren hat unseren Lebensstandard in erstaunlichem Maße erhöht, gerade für Millionen kleinerer Leute, denen es vorher zum Teil sehr schlecht gegangen war. Heute reisen wir in ferne Länder, wir reisen buchstäblich bis zum Mond. Aber zugleich hat die Technik zerstörerische Kräfte bisher unbekannten Ausmaßes ausgelöst. Es nimmt nicht wunder, daß auch Radziwill in seinen Bildern keine Lösung anbieten konnte. Er thematisiert die Fragen, nicht die Antworten. Er thematisiert die Fragen intensiv, eindrücklich, kraftvoll, in einem Stil, der ihn unverwechselbar gemacht hat. Wer ihn ein wenig kennt, erkennt ihn leicht wieder.

Auch dies ist ein Zeichen der schöpferischen Kraft dieses Malers und seiner Einmaligkeit in Deutschland. In den ersten zehn Jahren der zweiten Nachkriegszeit schien er fast vergessen; ein Kunsthallendirektor soll ihn 1960 mit dem erstaunten Ausruf begrüßt haben: »Was, Sie leben noch?«; und erst um diese Zeit ist dann die Resonanz beim Publikum wieder gewachsen. Heute kommt er mir wie ein Klassiker der deutschen Moderne vor.

Der Grund des Vergessens war sicherlich nicht die kurze, zwei Jahre dauernde Kooperation mit den Nazis. Zwar übernahm er 1933 den Lehrstuhl von Paul Klee, den die Nazis weggejagt hatten, aber zwei Jahre später jagten dieselben Nazis auch Radziwill davon. Er hatte in dieser Zeit seinen Stil, seine Überzeugung nicht preisgegeben. Er hatte wahrscheinlich die Ziele der NSDAP völlig verkannt, und die Nazis hatten sich in ihm vollständig versehen. Nach dem Krieg herrschte zunächst die Wiederentdeckung der abstrakten Malerei vor, wohl nicht zuletzt, weil gerade sie von den Nazis als entartet verfolgt worden war. Der Verfolgung waren jedoch auch die Expressionisten und die Surrealisten nicht entgangen. Vielleicht brauchte es zur Wiederentdeckung realistischer moderner Malweisen deshalb etwas länger, weil auch die Nazis selber einer gewissen Art von Realismus gehuldigt hatten. Deren Realismus war mit Recht nach 1945 und ist mit Recht bis heute verpönt. Und dann kam noch der sogenannte »sozialistische Realismus« aus dem kommunistischen Osten hinzu, der in seiner ideologiebestimmten Scheußlichkeit dem anderen kaum nachsteht.

Heute erscheinen alle Stilarten der Moderne weitgehend akzeptiert, wohl auch deshalb, weil sie doch alle zusammen Ausdruck unserer Zeit sind. Und auch jener Realismus wurde inzwischen wiederentdeckt, der sich nicht für politische Doktrinen hat vereinnahmen lassen.

Ich bin kein Kunstsachverständiger; die Sachverständigen mögen ihre Stilarten bewerten, Rangfolgen aufstellen. Für mich persönlich aber gehört Franz Radziwill zu den bedeutendsten deutschen Künstlern im guten Sinne des Wortes.

# Kunst im Kanzleramt

*Zu den Höhepunkten in der Serie von Kunstausstellungen, die während seiner Amtszeit im Bonner Bundeskanzleramt zur Regel geworden waren, gehörte die am 10. Februar 1982 von Helmut Schmidt eröffnete Schau eher unbekannter Aquarelle und Zeichnungen Emil Noldes aus dem Fundus des Seebüller Noldemuseums.*

Carlo Schmid hat einmal bei einer Ausstellungseröffnung gesagt, die Zeit sei vorüber, in der man meinte, man könne sich über Bilder und Bücher auch jenseits der politischen Szene verständigen. Man kann dem zustimmen, wenngleich mit einem gewissen Zögern. Ich stimme dem zu, weil mein erstes bewußtes Begreifen von Kunst zugleich eine sehr politische Erfahrung einschloß.

Meine Zuneigung zur Malerei hat sich auf der Lichtwark-Schule in Hamburg entwickelt, als ich zwölf Jahre alt war, und kurz danach. Zunächst sind vor allem die Arbeiten der Worpsweder, dann der deutschen Expressionisten und schließlich die Kunst Emil Noldes für mich zu Orientierungen geworden. Wahrscheinlich ist es den anderen jungen Menschen damals ähnlich gegangen.

So unterschiedlich die Kunst der Expressionisten auch war, so drückten sie dennoch etwas aus, was damals zu unserem eigenen Lebensgefühl gehörte – ob wir es so jung schon besaßen oder erst noch anstrebten: diese Künstler waren suchende Menschen, aber zugleich strahlten ihre Bilder Einfachheit und Kraft aus.

Es wurde für mich zu einem Schlüsselerlebnis, als Künstler wie Ernst Barlach, Käthe Kollwitz oder Emil Nolde von den Nazis verächtlich gemacht, als »entartet« herabgesetzt wurden. Ich war damals noch Schüler. Mich hat diese Erfahrung tief getroffen. Sie hat in mir das Begreifen des sittlichen Verfalls der damaligen Staatsführung ausgelöst – eine sehr eigenartige Verkettung von Kunsterlebnis und politischer Erfahrung bei einem jungen Menschen.

Später hat die Erinnerung an jene Erfahrung in mir den Wunsch geweckt, wenn möglich, ein wenig an der geistigen Wiedergutmachung mitzuwirken. Mir war und ist heute bewußt, daß diese Aufgabe vor allen Dingen von den Jüngeren geleistet werden muß. Kurt Schumacher, der Wiederbegründer der deutschen Sozialdemokratie, hat das nach dem Krieg sehr deutlich gesehen, als er sagte: »Wir müssen die jungen Menschen haben . . . , weil wir die Ideen lebendig halten wollen, durch die allein Deutschland am Leben bleiben . . . kann, nämlich die politische und moralische Wiedergutmachung.«

Emil Nolde war – wie ich es verstehe – ein Suchender. Mich hat immer fasziniert, wie dieser kantige Mensch aus dem Dorf Nolde an der deutsch-dänischen Grenze, der eigentlich mit Familiennamen Hansen hieß und zeitweilig im heutigen Dänemark, zeitweilig in Deutschland lebte, sich entwickelt hat: eigenständig, manchmal dickköpfig, durchaus Irrtümer begehend, aber auch Mißverständnisse überwindend.

Er hat das Ursprüngliche gesucht, das Leben und Arbeiten fern von den Akademien – wie die Worpsweder im Teufelsmoor, so er an der Küste, an der Ostsee auf Alsen, an der Nordsee in Nordfriesland.

Man liest in seiner Autobiographie: »Nur außerhalb der Schulmauern war lebhaftes Leben« – dies angesichts der verwirrenden Fülle an Kunstrichtungen in seiner Zeit: Expressionismus oder Futurismus, Kubismus oder – beginnend – Surrealismus. Er schrieb aber auch Nachdenkliches über die Fragwürdigkeiten des sogenannten freien Kunstbetriebs: »Ist diese Vielfältigkeit Reichtum oder Schwäche? ... Sind es die Künstler, die es wollen, oder ist eine vielbeschäftigte Kunstgelehrsamkeit bestrebt, jede kleine Kunstregung in ein Schubfach einzuordnen? ... Sind nicht großzügige Künstler bedeutungsvoller als Theorien und Richtungen?«

Emil Nolde hat seinen Weg nicht über die Theorie gesucht – und abseits vom etablierten Kunstbetrieb. Manchmal vollzog sich das unter sehr schweren äußeren Bedingungen: Verfemung nicht erst im Dritten Reich, sondern auch schon Auseinandersetzungen um 1910 mit der Berliner Sezession. Das bedeutete zuzeiten auch bittere materielle Not.

Siegfried Lenz – mit dem ich die besondere Vorliebe für Nolde teile – verbringt seit über zwanzig Jahren den Sommer auf der dänischen Insel Alsen. Meine Frau und ich haben das Ehepaar Lenz ein paarmal dort besucht. Auf jener Ostsee-Insel hat Nolde kurz nach der Jahrhundertwende ein karges Leben geführt. Es gibt noch einige ältere Bewohner, die sich an ihn erinnern können. Bisweilen ist es ihm so schlecht gegangen, daß er manches Bild für Milch und Brot abgegeben hat.

Emil Nolde hat einmal davon gesprochen, daß seine besten Arbeiten für ihn immer »Selbstüberraschungen« gewesen seien. Ihn hat das Unberechenbare gereizt, und viele von uns reizt die Unberechenbarkeit in seinen Bildern. Man kann lange über die Wirkungen dieser Bilder nachdenken.

Walter Jens hat von Antithesen im Werk Noldes gesprochen. Aber ich denke doch, daß in ihnen auch die Einheit von Mensch und Landschaft spürbar wird. Siegfried Lenz nennt das sehr treffend »Imprägnierung« des Menschen durch die Landschaft.

Aber die Vielfalt der Wirkungen liegt in der individuellen Vermittlung von Kunst begründet. Nolde hat das 1944 so ausgedrückt: »Die Farben mit mir jubeln und weinen, meine Farben. Ich kann nicht wissen, ob auch andere Menschen sie so oder anders empfinden, denn ein jeder ist ein anderer im Sehen, im Verstehen und Empfinden und im Nachempfinden.«

Ich stimme dem zu: Vor den Bildern ist jeder allein, auf die bereichernde Weise des Alleinseins, die Kraft gibt und Lust macht, zur Wirklichkeit außerhalb des Bildes zurückzukehren. Diese Bilder haben mit Recht viele Menschen bewegt und bewegen sie noch. Ich bin überzeugt, daß sie in Zukunft noch viel mehr Menschen bewegen werden. Es gibt außerhalb der deutschen Grenzen viele, die Emil Nolde erst noch für sich zu entdecken haben.

# Mein Zuhause im Bild

*In Fischerhude bei Bremen pflegen die Erben Otto Modersohns und Paula Modersohn-Beckers das Vermächtnis dieser Künstlerpersönlichkeiten. Am 25. Oktober 1985 sprach Helmut Schmidt, aus Anlaß der Eröffnung des erweiterten Modersohnmuseums, über seine Begegnungen in und mit Fischerhude.*

Die sogenannte »Privat-Initiative« fördern – das ist eine tagespolitische Redensart, eine ziemlich abgegriffene Münze im politischen Wechselgeld. Immerhin: Eigentlich und ehe es zu einem steuerpolitischen Schlagwort (ein Wort, um andere zu schlagen!), zu einem wirtschaftsideologischen Schlagwort wurde, immerhin: Eigentlich sagt das Wort Privat-Initiative etwas sehr Wichtiges und sehr Richtiges. Es sagt nämlich: Man soll das Notwendige selbst erkennen, und man soll es selbst tun – und nicht warten, ob oder bis andere es uns vorschreiben, verordnen, bis sie uns Steuernachlaß dafür aussprechen oder uns Subsidien zuwenden. Man soll selbst tun und machen, was notwendig ist. Was schön ist und deshalb notwendig. Was schrecklich ist und deshalb notwendig. Was zum Nachdenken zwingt – und deshalb notwendig ist.

Aus der eigenen Zwecksetzung, aus dem Willen zum eigenen Ziel, aus der personalen Autonomie entsteht Kunst – sei es als Bild oder Graphik oder Skulptur, sei es Lied oder Symphonie, sei es Lyrik oder Roman oder Drama. Gewiß: Auch die Kunst muß nach Brot gehen; auch sie braucht das Publikum, den Auftraggeber oder den Mäzen, oder die Stadt oder den Staat – und sie braucht das Publikum. Nur wenige Künstler sind so begnadet (oder so sehr vom materiellen Glück begünstigt), daß sie auskommen können ohne Zustimmung, ohne Beifall, ohne Publikum. Aber das Publikum muß erzogen, das heißt gebildet werden. Sein Interesse und seine Zuneigung müssen geweckt werden – durch Konzerte und Ausstellungen, Kunstkritik, Literaturkritik, Musikkritik und durch Bücher, Museen.

Meist ist es in Deutschland die Stadt oder der Staat, der ein Museum schafft und unterhält – viel seltener sind bei uns die großen Mäzene. Aber daß einer ohne Vermögen darangeht, ganz privat ein öffentliches Museum zu bauen, das ist etwas ganz Seltenes. Und wenn dies dann einem bedeutenden Künstler gilt, wenn es dann noch von der Kritik und von allen kunstmusealen Fachleuten gelobt wird: dann hat man Grund, zu gratulieren – und zugleich uns selbst, nämlich dem Publikum. Ich habe Otto Modersohns Bilder immer gemocht – er selber war für mich seit meiner frühen Jugend- und Schulzeit einer derjenigen, die mein eigenes, mein ganz subjektives Landschaftsgefühl zum Ausdruck brachten und die meine Heimat in Stimmungen darstellten, wie ich sie selbst empfand – unter dem übergroßen Himmel des norddeutschen Tieflandes. Heimat reichte für mich immer von Bremen bis Stade und Lüneburg auf der südlichen Seite – und nördlich meiner Vaterstadt immer vom Wattenmeer bis Eutin, Lübeck, Wismar, Ratzeburg und Rostock. Worpswede und Fischerhude gehörten dazu. Paula Becker ebenso wie Nolde und Barlach, Telemann und Buxtehude und wie der Wandsbecker Bote Matthias Claudius. Das Tagebuch und die Briefe Paula Modersohn-Beckers sind nach meiner Erinnerung meine erste Begegnung mit dem Denken eines Künstlers gewesen. Als ich 1936 oder 1937 zum ersten Mal an der Straße nach Quelkhorn zu Gast bei Otto Modersohn war, war das für mich in zweierlei Hinsicht eine Sensation: Er war der Mann, an den die mich so bewegenden Briefe gerichtet waren. Und er war der Maler jener Bilder der Hamme- und Moorlandschaft, deren Reproduktionen mich so sehr begeistert hatten. Ungefähr drei Jahre bin ich als wehrpflichtiger Soldat so jedes zweite oder dritte Wochenende in Fischerhude gewesen, immer mit der Bahn bis Sagehorn und dann zu Fuß durch die Wümme-Niederung, über zwanzig Brücken – so glaube ich mich zu erinnern. Damals wie heute brauchte man in Fischerhude um

Gastfreundschaft nicht zu bitten. Man wurde gleichsam wie selbstverständlich zugehörig einbezogen. So war das im Hause von Hainas Schwestern Amalie Breling und Olga Bontjes van Beek oder im Hause von Clara Rilke-Westhoff oder in dem Otto Modersohns. Man durfte die Bilder ansehen, mittun in der keramischen Werkstatt, Musik hören und selber musizieren. Und vor allem: Man traf Menschen sowohl aus Fischerhude als auch Gäste aus jenen Teilen Deutschlands, die offen waren. Sie waren alles andere als Nazis. Aber sie waren wirklich alles andere: Ich denke, die Palette reichte von weit links bis rechts. In einem zentralen Punkt stimmten sie überein: Aus ihrem Künstler-Sein entsprang ihr unbedingter Wille zu Unabhängigkeit und Freiheit der Person. Hier lag der gemeinsame Nenner, selbst für solche, die – wie Franz Radziwill – vorübergehend auf die Nationalsozialisten hereinfielen. Dies war ja immerhin auch Emil Nolde passiert, der bald zu den Entarteten gehörte und dann Malverbot erhielt.

Fischerhude ist für mich als jungen Heranwachsenden die einzige Oase in der Nazizeit gewesen. Der Krieg und die Zeitläufte haben später den persönlichen Kontakt unterbrochen. Aber ich meinte immer zu wissen: Da hinten ist Fischerhude, dahin kannst du immer gehen, wenn es dir einmal ganz dreckig gehen sollte.

Olga Bontjes' Tochter Cato habe ich in den Kriegsjahren nur noch zweimal in Berlin wiedergesehen, ehe sie von den Nazis ermordet wurde; ich glaube, es war bei Schulze-Ritters in Charlottenburg. Auch dort eine grenzenlose Offenheit, die schließlich in der bespitzelten Stadt lebensgefährlich wurde und wirklich Cato das Leben gekostet hat.

Ulrich Modersohn ist gefallen; Christian habe ich zwanzig Jahre später neu entdeckt, ebenso Tim und Meme Bontjes. Olga Bontjes aber ist meine große Liebe geblieben – bei zwanzig Jahren Altersunterschied darf ich das vielleicht so sagen. In den dreißiger Jahren malte Olga Bontjes van Beek behutsam, genau, zart – ich glaubte damals, die gewesene Tänzerin in ihren Bildern zu spüren. Heute habe ich in meiner Hamburger Wohnung fünf Bilder von ihr: Kraftvoll in Farbe und Form, großzügig, erdig, eher den Landschaften der deutschen Expressionisten verwandt als den Worpswedern oder den Franzosen in Fontainebleau oder Barbizon. Welch ein Wandel, welch eine Steigerung innerhalb eines Lebens!

Im nächsten Zimmer hängen fünf kleine Landschaften ihrer Tochter Meme und im dritten Zimmer ein paar Bleistiftskizzen von Otto Modersohn – ich bin den Fischerhudern geradezu verfallen. Neuerdings habe ich sogar – einmaliges Ereignis in meinem Leben – ein herrliches Ölbild aus den letzten Lebensjahren Otto Modersohns ersteigern können: überschwemmte Wümme-Wiesen zu Ende des Winters. Die Hälfte der Leinwand ein grauer, etwas bewegter Himmel, ein weiteres Viertel Wasser, auf dem der Himmel reflektiert, ein kurzer Vordergrund und zwei kahle ganz durchsichtige Weiden über das ganze Bild. So hatte es zu meiner Jugendzeit ausgesehen, wenn man an der Straße nach Quelkhorn Richtung Osten blickte. Inzwischen ist wohl leider die Wümme-Regulierung weit fortgeschritten; gibt es da überhaupt noch Überschwemmungen? Zum Bild gehörte übrigens – ich entdeckte dies erst nach dem Erwerb – ein Echtheitszertifikat, eine Expertise Christian Modersohns. Und das führt mich vom nördlichen Ortsrand Fischerhudes zurück an den östlichen Rand, zu den letzten Häusern an der Bredenau.

Der Mann, dem das gelungene Museum mit den Bildern und Handzeichnungen seines Vaters zu allermeist zu danken ist, ist selber Maler. Ein Maler, der naß in naß hinreißende, große Landschaftsaquarelle malen kann – und anderes gewiß auch. Natürlich besitze ich auch eine Reihe von Christian Modersohns Aquarellen; denn wie gesagt: Ich bin den Fischerhudern verfallen.

# Buch und Demokratie

*Zum »Tag des Buches« am 10. Mai 1981 warnte der damalige Bundeskanzler Helmut Schmidt in der Deutschen Lesegesellschaft e.V. in Mainz vor dem Verfall der Lesekultur und den Folgen für die Demokratie.*

In der Geschichte des deutschen Volkes und unseres »schwierigen Vaterlandes« gibt es Stationen, auf die wir mit Stolz zurückblicken. Und es gibt Stationen, die für uns Anlaß zum Bedauern sind, und solche, die Grund sind zur Beschämung.

Vor zweihundert Jahren hat Immanuel Kant seine Schrift »Zur Kritik der reinen Vernunft« vorgelegt.

Kant hat die Menschen darin aufgerufen, sich kraft ihrer Vernunft aus ihrer selbstverschuldeten Unmündigkeit zu lösen. Kant hat Millionen von Menschen einen Dienst erwiesen – auch solchen, die seine Bücher nie in der Hand gehabt haben. Er hat der Demokratie im Vorwege einen Dienst erwiesen – weil Demokratie ohne vernünftige, mündige Bürger nicht möglich ist.

Wir Deutsche dürfen, wenn wir von Büchern reden, auch stolz sein auf Martin Luther, auf Lessing, auf Goethe, Schiller, auf die ganze lange Reihe – wie man bei uns wohl sagt – von Dichtern und Denkern, bis in unsere Gegenwart. Sie alle haben unser Denken mitgeformt. Und sie haben zu dem Bild, das sich die Welt von den Deutschen macht, Wichtiges und Positives beigetragen.

Heinrich Böll schrieb mir, nach seinen Erfahrungen, auch als ehemaliger Präsident des PEN, beruhe der internationale Ruf unseres Landes zu einem großen Teil auf dem Ansehen unserer Literatur. Das werde gewöhnlich unterschätzt. Ich denke, das gilt nicht nur gegenüber der westlichen Welt. Böll selbst hat beispielsweise große Wirkung in der Sowjetunion entfaltet. Unsere Klassiker stehen in vielen Ländern der Erde in hohem Ansehen.

Das gilt, wenn wir an die zeitgenössische Literatur denken, keineswegs nur für Autoren aus der Bundesrepublik Deutschland. Es gilt auch für Autoren aus der Deutschen Demokratischen Republik. Was sie schreiben, trägt wesentlich zum Bild von Deutschland in der Welt bei.

Ich spreche also von deutscher und deutschsprachiger Literatur der Gegenwart: weil deutsche Literatur über politische Grenzen geht, auch über verdrahtete, betonierte und verminte Grenzen. Weil diese Literatur Widersprüche aufgreift, Widersprüche austrägt, auch Widersprüche aufhebt; und weil diese Literatur – von der deutschen Sprache her, von der deutschen Sache her – der Nation verpflichtet bleibt. Gegenüber dieser Verpflichtung hat, denke ich, in den letzten Jahrzehnten die vielberufene Polarisierung von Geist und Macht bei uns etwas an Schärfe verloren.

Wenn wir zurückschauen in unsere Geschichte und auf jene Stationen, an denen sich Politik und Literatur eng berührt haben, haben wir aber auch vielfachen Anlaß zum Bedauern, zur Scham.

Der 10. Mai ist so ein Anlaß. Am 10. Mai 1933 wurden in Deutschland Bücher verbrannt: systematisch und fanatisch – um das sogenannte »undeutsche Schrifttum« auszubrennen.

Es war nicht das erste Mal, daß in einem Land Schwarze Listen für Bücher angelegt wurden. Kaum ein Werk der Weltliteratur, das nicht irgendwann einmal auf einer Schwarzen Liste gestanden hätte.

Es war auch nicht das erste Mal, daß Bücher verbrannt wurden. Aber die Gründlichkeit, die Brutalität und die dumpfe Wildheit, mit der hier in Deutschland zu Werke gegangen wurde – das ist tief erschreckend.

Im April erschienen in den gleichgeschalteten Zeitungen lange Listen von Autoren und Büchern, die ausgeschaltet werden sollten: von Bebel und Bernstein bis Zuckmayer, mit Namen wie Werner Bergengruen und Bert Brecht, Alfred Döblin und Hermann Hesse, Erich Maria Remarque, Arthur Schnitzler, um nur einige zu nennen. Menschen ganz unterschiedlicher Prägung. Schriftsteller mit ganz unterschiedlichen Ansichten und Aussagen.

Sie alle paßten nicht unter die neue Norm der Engstirnigkeit, auch Heinrich Heine nicht, auch Kafka nicht, als dann die Schwarzen Listen verlängert wurden, um nach den Lebenden auch die Toten zu verdammen.

»Der 10. Mai 1933«, so schrieb Karl Dietrich Bracher, »war das erste große Datum in der Geschichte der Gleichschaltung und Zerstörung der Literatur ... Der 10. Mai 1933 gehört in dieselbe Reihe wie Reichstagsbrand und Judenboykott.«

Heinrich Heine hat es vorausgesagt: »Dort, wo man Bücher verbrennt, verbrennt man am Ende auch Menschen.«

Aus den damaligen Zeitungsberichten über die Bücherverbrennungen lesen wir das gleiche – in Berlin und in Bonn, in Frankfurt und in Köln, in Göttingen, in Würzburg, vielerorts im Reich: überall Fanatismus, Fahnen, Fackeln, Flammen. Massenversammlungen, Studenten und Professoren. Marschmusik, Scheiterhaufen. 20000 Bücher wurden an diesem Tag allein in Berlin verbrannt.

Zwei Tage später schrieb das »Neuköllner Tageblatt«: »Während der Verbrennung der Bücher spielten SA- und SS-Kapellen vaterländische Weisen und Marschlieder, bis neun Vertreter der Studentenschaft, denen die Werke nach einzelnen Gebieten zugeteilt waren, mit markanten Worten die Bücher des undeutschen Geistes dem Feuer übergaben.«

Dann traten die neun Rufer auf mit ihren Sprüchen: Gegen Klassenkampf und Materialismus, für Volksgemeinschaft und idealistische Lebenshaltung. Gegen Dekadenz und moralischen Verfall, für Zucht und Sitte in Familie und Staat. Sie warfen Marx und Kautsky in die Flammen, Heinrich Mann, Glaeser, Freud und Kerr und viele andere. Auch Tucholsky, und Ossietzky auch.

Tucholsky ging ins Exil, aber er konnte nicht länger leben. Ossietzky kam ins Konzentrationslager. Er erhielt 1936 den Friedensnobelpreis – eine Tat des Widerstandes, eine Demütigung für die anderen. Dennoch wurde er umgebracht.

Ich begrüße es, daß die Geschichte unserer Exilliteratur jetzt in vielfältiger Weise aufgearbeitet wird. Willy Brandt hat – auch aus persönlicher Erfahrung – Wesentliches über die Literatur des Exils gesagt, über bemerkenswerte Einzelleistungen, über den nachwirkenden Gesamteinfluß. Ich will nicht versuchen, das Schicksal der Menschen nachzuzeichnen, deren Bücher verbrannt wurden; der Menschen, die verfolgt wurden, ausgewiesen, ausgebürgert, ins Exil zerstreut.

Ich möchte, rückschauend auf den nationalsozialistischen Büchermord vor einem halben Jahrhundert, eine Warnung an die Zukunft aussprechen – nicht als Alarmruf, eher als Mahnung mit der Bitte um Gehör, auch um öffentliches Gehör:

Ich warne vor der Gefahr eines neuen Analphabetismus, der die geschriebenen Wörter geringschätzt und der viele Menschen in eine neue, selbstverschuldete Unmündigkeit hineinlullen könnte.

Es ist wahr, wir Deutsche haben aus unseren schrecklichen Erfahrungen gelernt. Unsere Demokratie ist gefestigt. Trotzdem: Es gibt auch in unserem Lande Extremismus, der zur Gewaltausübung innerlich bereit ist, sofern die Umstände günstig sind – und zwar von links wie von rechts.

Die geistige und sittliche Auseinandersetzung mit Gewalttätigkeit gehört auch in die Schulen, in die politische Bildungsarbeit, auch in die Kirchen. Wir brauchen eine breite und offene Diskussion über die Gefahren des gewalttätigen Extremismus – sei er intelligent begründet, sei er unreflektiert den Trieben der Aggression entsprungen.

Die überwältigende Mehrheit der Deutschen lehnt heutzutage Führerkult, Antisemitismus, Verehrung der Naziherrschaft, Militarismus ab – die Jüngeren noch stärker als die Älteren. Die große Mehrheit befürwortet unsere parlamentarische Demokratie. Die braune Ideologie hätte heute nur sehr geringe Chancen. Aber ein Rückfall in allgemeine Geistlosigkeit und Ignoranz ist damit noch keineswegs ausgeschlossen.

Zur Gefahr eines neuen Analphabetismus hier ein paar unfertige Gedanken. Diese Gefahr ist noch nicht klar zu beschreiben, aber sie beschäftigt und sie bedrückt mich.

Ich sage zunächst, was ich nicht meine; zumindest nicht zentral meine:

Ich denke nicht daran, mich einem allgemeinen Kulturpessimismus oder einem allgemeinen Literaturpessimismus anzuschließen, wie er vor zehn Jahren im »Kursbuch« zur Mitteilung vom Tod der Literatur geführt hat. Ich will mich dem auch dann nicht anschließen, wenn ich lese, daß Germanistikstudenten aus ihrer Schulzeit von der Literatur des 18. und 19. Jahrhunderts nichts mitbrächten als »Werther« und »Maria Stuart«, von der Literatur des 20. Jahrhunderts nichts als Kostpröbchen von Brecht und Böll.

Ich habe auch nicht die Absicht, dem Buch meine Reverenz durch Schelte der elektronischen Medien zu erweisen.

Vielmehr: Angesichts des Atavismus, der vor einem halben Jahrhundert zum Ausbruch kam, als bei uns die Bücher brannten, angesichts der Berichte, aus denen ich zitiert habe, frage ich mich, ob es damals allein gegen ein sogenanntes »undeutsches Schrifttum« ging. Oder ob es etwa zum Teil auch ganz allgemein gegen Literatur ging? Ganz allgemein gegen das geschriebene Wort? Und war dies vielleicht nur deshalb möglich, weil zu wenige ein persönliches, positives Verhältnis zur Literatur hatten, das als Gegengewicht hätte wirken können? Oder das Gift der Literatur-Verachtung hätte neutralisieren können?

Manche von uns, die damals heranwuchsen, hatten Glück: Ich hatte zum Beispiel in den Jahren 1933, 1934, 1935 und 1936 – damals waren wir vierzehn, fünfzehn, sechzehn, siebzehn – eine Lehrerin, die abends in ihrer Wohnung mit uns las. Es war sozusagen eine private Lesegesellschaft sehr junger Menschen unter ihrer Leitung. Die gleichzeitige Beeinflussung durch die Hitlerjugend konnte letztlich unser Empfinden, unsere Aufnahmebereitschaft nicht entscheidend auf den geistlos-primitiv-grobschlächtigen Blut-und-Boden-Mythos einengen, der damals im Schwange war, weil diese Lehrerin und einige ihrer Kollegen dem entgegenstanden und weil durch sie die Literatur und übrigens auch die Kunst dem entgegenstand.

So weiß ich also seit meiner frühen Jugendzeit, daß Literatur und Lesen Bildung ist – und habe es seither beherzigt, auch wenn es heute dafür nachts nur noch eine halbe Stunde gibt.

Wer politisch handeln soll, muß auch lesen. Und nicht darf das Handeln, nicht darf die politische Tat sich in einer anderen Welt, in einer wortlosen Welt vollziehen.

Im »Faust«, im »Vorspiel auf dem Theater«, heißt es, als der Direktor mahnt, daß die Aufführung nun beginnen müsse:

»Der Worte sind genug gewechselt,
laßt mich auch endlich Taten sehn!«

Diese beiden Goethe-Zeilen werden bei uns verräterisch oft gebraucht. Und später dann, gewichtiger, nach dem Osterspaziergang, als Doktor Faust das Neue Testament ins Deutsche übertragen möchte, stockt er schon an der ersten Zeile:

»Im Anfang war das Wort.«

»Ich kann«, sagt Faust,

»das Wort so hoch unmöglich schätzen,

ich muß es anders übersetzen.«

Der Sinn? Die Kraft? Ihm hilft der Geist – auf einmal sieht er Rat und schreibt getrost:

»Im Anfang war die Tat!«

Ich will nichts über das Spannungsverhältnis zwischen Wort und Tat sagen. Ich weiß wohl, daß das Wort allein nicht die Demokratie, besser gesagt: den demokratischen Prozeß stützen und vorwärts bewegen kann. In unserer gegenwärtigen wirtschaftlichen Situation zum Beispiel gibt es vieles zu tun, wenn die Hauptbücher unserer Wirtschaft und unseres Handels, vor allem aber die Beschäftigung wieder in Ordnung kommen sollen, das heißt: wenn der Strukturwandel unserer Wirtschaft gelingen soll. Große Worte helfen da nicht weiter. Und doch: Ohne das Nachdenken, ohne das Nachlesen dessen, was andere vorher geschrieben haben, ist Demokratie nicht zu erhalten.

So will ich mir meine Gedanken machen: Warum Schreiben und Lesen einerseits und Tun und Lassen andererseits oftmals auseinanderklaffen. Oder scheint dies im Fernsehzeitalter bloß so? Und wenn der Anschein der Bildschirm-Gesellschaft nicht ganz falsch sein sollte: Ob dies nicht auch das Miteinander der Generationen zusätzlich belastet? Jener Generationen, die nach dem Krieg ohne viele Worte tätig an den Aufbau gegangen sind, und jener, die untereinander und in einer sich schnell verändernden Welt intensiv nach Mitteilung suchen, oder – wie man heute sagt – nach Kommunikation suchen, auch nach neuen Kommunikationsformen?

Wir dürfen nicht meinen, weil wir uns das »Volk der Dichter und Denker« nennen, seien wir immun gegen neuen Analphabetismus. Im Gegenteil: Weil mancher von uns meint, wir Deutsche seien doch seit Generationen literarisch und philosophisch ganz besonders auf der Höhe, sind wir durch den Bazillus einer neuen, analphabetischen Unmündigkeit und einer geistigen Selbstentfremdung gefährdet.

Wir haben erlebt, wie aus dem »Volk der Dichter und Denker« ein »Volk der Richter und Henker« wurde. Karl Kraus, der dieses Wort prägte, war einer der »Verbrannten« vom Mai 1933.

Wir wollen nicht erleben, wir dürfen nicht zulassen, daß wir zu einem »Volk von Saturierten und Manipulierten« werden.

Das Recht auf den Gebrauch des eigenen Verstandes, das Recht auf Ausgang aus der Unmündigkeit, wie es Kant proklamiert hat – ist nicht nur Anspruch, sondern auch Gebot! Es ist dies keine leichte Pflicht für den Demokraten; denn mancher sehnt sich danach, es sich in der Unmündigkeit bequem zu machen.

In diesem Zusammenhang nun doch ein Wort zum Buch und zum Fernsehen.

Vorab aber eine Klarstellung, damit es kein Mißverständnis gibt: Ich bin nicht der Mann, der den Ausschaltknopf am Fernsehgerät erfunden hat. Das hat die Geräteindustrie ganz allein geschafft. Ich bin auch keineswegs ein Fernseh-Muffel. Wenn ich dennoch empfehle, den Fernseher weniger oft einzuschalten, als es in manchen Familien üblich ist, dann will das mehr sein als eine Anregung zum selbstbewußten Umgang mit der Technik; es will ein Anstoß sein zum Gespräch in der Familie und mit Freunden, auch zum Spielen, auch zum Lesen.

Ich bin mir der großen Möglichkeiten des Fernsehens sehr bewußt. Eben aus diesem Bewußtsein erwächst meine Sorge – im Sinne von Vorsorge; eben deshalb spreche ich für eine verantwortungsbewußte Gestaltung des Fernsehens. Und zwar sowohl für die relativ wenigen Macher des Programms als auch für die vielen Zuschauer. Meine Sorge gilt der Überflutung mit einer Fülle von scheinbar authentischen Informationen, die im Ergebnis zu Desinformation, zur Orientierungslosigkeit führen können.

An die Stelle der persönlichen, unmittelbaren Erfahrung ist für viele Menschen in vielen Lebensbereichen die mittelbare, die von den Massenmedien vermittelte Erfahrung von Wirklichkeit getreten: durch das gedruckte Wort in Schriften und Büchern, durch das gesprochene Wort im Hörfunk, vor allem aber durch das audiovisuelle Erlebnis des Fernsehens.

Gegenüber dem geschriebenen und gedruckten Wort bewahren wir kritische Distanz, weil wir jeden gelesenen Satz verstehen, das heißt verarbeiten müssen. Was wir hingegen sehen, geht unmittelbar ein. Es wirkt glaubwürdiger. Es fehlt oft die kritische Distanz, weil man leicht vergißt, daß das Fernsehen nur herausgeschnittene Teile und Aspekte der Wirklichkeit vermitteln kann, wie verantwortungsvoll auch immer die Fernsehjournalisten und die Fernsehanstalten sich bemühen mögen.

Es gibt kein Patentrezept zur Überbrückung der Kluft zwischen der sehr komplexen Wirklichkeit des Lebens – und der einfachen Wirklichkeit auf dem Bildschirm.

Aber vielleicht können wir uns auf zwei Prinzipien verständigen. Erstens: Wer Fernsehen sieht, muß kritisch bleiben. Und zweitens: Wer Fernsehen macht, muß sich seiner besonderen Verantwortung bewußt sein.

Heute sitzt der Bundesbürger durchschnittlich weit über zwei Stunden am Tag vor dem Fernseher – am Sonntag sogar drei Stunden, Kinder und Heranwachsende oft noch länger. Das Zeitbudget fürs Lesen fällt sehr viel knapper aus: eine halbe Stunde für Zeitungen oder Zeitschriften, eine Viertelstunde für das Buch.

Nun arbeiten, das liegt in ihrer Natur, die Massenmedien eher mit grobem Raster als mit differenzierten Darstellungen oder Analysen oder Argumenten. Wer beispielsweise seinen täglichen Überblick aus den Fernseh-Nachrichten gewinnt, der erlebt sehr viel mehr Gewalttätigkeit, Mord und Katastrophen als der Leser einer regionalen oder überregionalen Tageszeitung. Und jedenfalls in diesem Punkt ist die Tageszeitung wirklichkeitsnäher.

Ich frage mich, ob sich hier die Gefahr politischer Verführbarkeit vorbereitet? Oder die Gefahr, daß wir in zwei Klassen zerfallen: Jene, die lesen – besser vielleicht: die auch noch lesen –, und jene, für die der Bildschirm die Wirklichkeit und das Nachdenken darüber ersetzt?

Wir müssen dazu erziehen, daß das Lesen nicht durch die elektronischen Medien verdrängt werden kann! Dies ist meine ganz tiefe persönliche Überzeugung. Dazu erziehen! Natürlich wissen wir: Buch ist nicht gleich Buch. Und manches, was im Buch für viele Menschen toter Text bleibt, gewinnt Leben für manchen erst durch das audiovisuelle Medium. Ich denke an Theater, an das großartige Projekt der BBC zum Beispiel, das gesamte Werk William Shakespeares für das Fernsehen neu zu verfilmen. Bei uns haben 3,5 Millionen Menschen am Karfreitag 1981 das erste dieser Stücke in synchronisierter Fassung gesehen. Millionen von Menschen in aller Welt, die Shakespeare nie gelesen haben, werden Shakespeare jetzt entdecken – und sie würden Goethe und Schiller und Lessing entdecken, wenn wir für unsere Klassiker etwas tun würden, was dem BBC-Projekt vergleichbar wäre.

Wenn es stimmen sollte, daß hochindustrialisierte Länder wie das unsrige auf dem Weg in eine »Kommunikationsgesellschaft« sind, weil wir nicht weniger Kraft auf die Kommunikation als auf die Güterproduktion verwenden müssen, damit unsere Gesellschaft nicht in Gruppen und Randgruppen, in Generationen und in voneinander abgekapselte Expertenkreise auseinanderfällt – dann müssen wir über solche Fragen noch nachdenken.

Eine Revolution in der Kommunikation zwischen Menschen hatte vor Jahrhunderten in Mainz mit der Erfindung der Buchdruckerkunst mit beweglichen Lettern durch Johannes Gutenberg begonnen. Das war ein großer Schritt, mit dem das pergamentene Herrschaftswissen nunmehr einer breiteren Öffentlichkeit zugänglich gemacht wurde: durch Bücher und Schriften, mit sehr unterschiedlichen Inhalten, unter immer neuen Titeln, schließlich zu einer Drucklawine anschwellend.

In diesem Zusammenhang ein Wort zur wirtschaftlichen Seite des Druckes und des Verlegens – damit hatte ja Gutenberg auch seinerzeit schon Probleme.

In unserem Lande haben weder die Verlage noch die Buchhändler Grund zur Klage – jedenfalls nicht über das normale Maß von Klage hinaus, das in der Wirtschaft branchenübergreifend üblich ist. Das wird mir von Verlegern und von Buchhändlern bestätigt.

Die geistige und kulturelle Aufgabe, die das Buch erfüllen will, hat auch wirtschaftliche Voraussetzungen und sehr prosaische steuerliche und betriebswirtschaftliche Seiten. Die Bedeutung des halben Mehrwertsteuersatzes und der Preisbindung der letzten Hand, also des festen Ladenpreises für Bücher, ist mir bewußt. Um unseren Buchhandel, auch um die Schnelligkeit, mit der bei uns Bücher beschafft werden können, werden wir oft beneidet. Dieses gutverzweigte Netz geistiger Tankstellen – wenn ich mich so ausdrücken darf – wollen wir uns erhalten, sonst würde die Gefahr eines neuen Analphabetismus noch größer.

Mir sind auch die Probleme bewußt, die sich Verlegern und Buchhändlern stellen, wenn sie die kulturellen Aufgaben mit ihren ökonomischen Möglichkeiten in Einklang bringen müssen: stets in Versuchung, den Bestsellerrahm abzuschöpfen und das Noch-nicht-Gängige anderen zu überlassen. Dieser Versuchung sollten sie auch künftig widerstehen. Manche der Bücher, denen die Demokratie viel verdankt, wären nicht erschienen, hätten Verleger und Buchhändler nicht den Mut zum Risiko gehabt.

Es ist schwer, die Wirkung eines Buches zu messen oder gar zu sagen, welche Bücher die demokratische Entwicklung besonders beeinflußt haben. Gewiß Montesquieu – auch für viele, die ihn nicht gelesen haben –, ebenso Rousseau, und ebenso Tocqueville mit seinem Buch »Über die Demokratie in Amerika«, wiederum für viele, die ihn nicht gelesen haben und gar nicht wissen, daß es ihn gibt. Von deutschen Autoren sicherlich Kant und die preußischen Reformer Stein und Hardenberg, später Max Weber und Friedrich Naumann.

Die politische Wirkung von Adam Smith und Karl Marx steht außer Zweifel, ebenso die wirtschaftspolitische Wirkung von John M. Keynes, seiner »General Theory of Employment, Interest and Money«, seines Postulats der Vollbeschäftigung.

Ich füge hinzu: Das ist natürlich eine sehr willkürliche Aufzählung von Autoren und von Büchern, die Demokratie und ihre Entwicklung auf der Welt darstellen. Wer über den Zusammenhang von Buch und Demokratie nachdenkt, mag ebenso Milton oder Thomas Paine oder Thomas Jefferson nennen, die übrigens auch alle einmal auf Schwarzen Listen gestanden haben; John Milton mit einer Schrift: »A Speech for the Liberty of Unlicensed Printing«. Der eine mag an Thoreaus »Walden« denken, der andere an John F. Kennedys schmales Bändchen »Profiles in Courage«. Natürlich wäre Büchner zu nennen. Für mich selbst möchte ich Marc Aurels »Selbstbetrachtungen« hinzufügen und Kants kurze Schrift »Zum ewigen Frieden«; beide haben mir vieles gegeben, das ich in demokratischer Arbeit umzusetzen versuche.

Wenn aber ein solcher Zusammenhang besteht zwischen Buch und Demokratie, im Sinne einer gegenseitigen Förderung und Bestärkung, dann müssen wir uns, um unserer Demokratie willen, zweierlei erhalten.

Erstens: ein breitgefächertes, unzensiertes, weithin verfügbares Angebot von Büchern; und zweitens und wichtiger: Wir müssen die Fähigkeit und die Neigung der Menschen zum Lesen verstärken.

Vor zweihundert Jahren, als es darum ging, in Deutschland mehr Menschen zum Lesen zu befähigen, haben die Lesegesellschaften, deren Namen die »Deutsche Lesegesellschaft e. V.« fortführt, eine wichtige Rolle gespielt.

Der Kölner Historiker Otto Dann hat beim 190. Stiftungsfest der Bonner »Lese« auf einige wichtige Phänomene der vor zwei Jahrhunderten organisierten Lesewelle hingewiesen: Daß die Bürger in den Lesegesellschaften nicht nur Bildungswissen suchten, sondern daß sie über das diskutierten, was sie lasen; daß sie eine neue Vermischung der sozialen Stände innerhalb der Gesellschaft suchten; daß sie neue Organisationsformen ausprobierten, mit Satzungen und Ausschüssen und mit »Mecker-Briefkästen« – noch bevor Verfassungen für Staat und Gesellschaft insgesamt bei uns zur Debatte standen.

Die Mainzer Lesegesellschaft nannte sich bald »Politische und literarische Lese- und Konversationsgesellschaft«. Einige Professoren, so heißt es, predigten in dieser Gesellschaft demokratische Gesinnung – und Anarchie. Viele Mitglieder waren zugleich Mitglieder des Mainzer Jakobinerclubs, der »Gesellschaft der Freunde der Freiheit und Gleichheit«.

Die literarische Basis um 1800 war aber nur schmal. Nur ein Viertel der deutschen Bevölkerung war damals des Lesens und Schreibens hinreichend kundig. Die Kosten von Büchern und Periodika waren auch für viele Gebildete eine hohe Hürde. Dieser Kostenfaktor war ja ein wesentlicher Anstoß zur Gründung der Lesegesellschaften gewesen, um die Ausgaben für Bücher und Zeitschriften durch Verteilung zu verringern.

Die Fähigkeit unserer Gesellschaft, das geschriebene Wort aufzunehmen, hat insgesamt erst zugenommen, als in den Schulen systematisch und ohne soziale Unterschiede das Lesen gelehrt wurde – und als in guten Schulen, durch verständnisvolle Lehrer, auch über die Schulbücher hinaus Interesse an Literatur geweckt wurde.

Große Bedeutung hatte – und hat weiterhin – die Erwachsenenbildung. Ich bin stolz auf die Rolle, welche die Sozialdemokratische Partei und die Gewerkschaften, die Arbeiterbildungsvereine und später die Heimvolkshochschulen dabei gespielt haben, um den Arbeitern, um den – wie man heute sagt – Unterprivilegierten Wege aus der Diskriminierung zu bahnen und ihnen die politische und ideelle Heimat zu bieten, die Staat und Gesellschaft ihnen verweigerten. Dies sind Traditionen, die wir fortführen wollen.

Sicherlich hat nicht jeder von uns so gute Erinnerungen an den Deutschunterricht seiner Schulzeit, wie ich sie erwähnte. Heute scheint es an einigen Schulen eher eine Art Allergie gegen das Lernen von Gedichten zu geben. Ich stimme Günter Grass zu, der in einem Interview die Hoffnung äußerte, daß die jetzt heranwachsende Generation auch Gedichte zeitgenössischer Autoren lernen werde.

Auf die Frage nach seinen Erfahrungen mit Lehrern sagte Grass: »Mein größter Vorwurf ist der, daß die Lehrer nicht lesen.« Er fügte hinzu: Die Konzentrationsschwäche, die wir bei den Schülern beklagen, sei tatsächlich bei den Lehrern gegeben. Sie seien nicht in der Lage, mit sich und einem Buch allein zu sein. Es müsse immer nur kommuniziert werden – und das sei natürlich der Feind allen Lesens.

Vielleicht war das etwas pauschal gesagt. Doch sollten einige unserer Lehrer einmal darüber nachdenken, ob oder inwieweit der Vorwurf von Grass berechtigt sein könnte: daß selbst Lehrer nicht mit einem Buch allein sein könnten.

Ich denke, wir brauchen ein Gleichgewicht: Einerseits die Fähigkeit zu stiller Selbstfindung, zur Selbsterziehung – und dafür sind Bücher die besten Mittler. Andererseits die Fähigkeit zum Gespräch, zum kommunikativen Miteinander, zum Gedankenaustausch, zur gemeinsamen Meinungsbildung. Wenn es an dem einen oder an dem anderen fehlt, leidet der einzelne, leidet die Gesellschaft, leidet die Demokratie.

Ich bin all jenen dankbar, die uns Bücher in die Hand geben: den Autoren, den Verlegern, den Buchhändlern, auch ausdrücklich den Bibliothekaren, weil sie häufig unbekannt bleiben. Den Übersetzern, die uns fremde Literatur und dem Ausland unsere Literatur zugänglich machen; ohne ihre Arbeit wäre es beispielsweise nicht möglich gewesen, in den USA dem schwierigen und spröden Schmidt Beachtung zu verschaffen. Ich spreche von Arno Schmidt und seinem »Abend mit Goldrand« (»Evening Edged in Gold«), einem dicken, komplizierten und teuren Buch, das in den USA gut angekommen ist.

Ich bin denen dankbar, die dazu beitragen, in den Schulen, in der Erwachsenenbildung, daß Menschen, daß vor allem junge Menschen, zum Lesen fähig, zur Selbsterziehung fähig werden – daß sie dies bleiben, auf daß sie demokratisch mündig werden und daß sie demokratisch mündig bleiben.

CIP-Kurztitelaufnahme der Deutschen Bibliothek

Schmidt, Helmut: *Vom deutschen Stolz: Bekenntnisse zur Erfahrung von Kunst* / Helmut Schmidt. - Berlin: Siedler, 1986 (Corso bei Siedler). ISBN 3-88680-179-9

 Satz: Bongé & Partner, Berlin. Ausstattung: H.P. Willberg, Eppstein/Ts. Umschlagphoto: Renate Schmitz, Düsseldorf. Druck: Laupp & Göbel, Tübingen. Buchbinder: Lüderitz & Bauer, Berlin.
Printed in Germany 1986.
ISBN 3-88680-179-9